信息科技学科
项目化学习
的设计与实施

郑珠　王颖　刘青枝 ——— 著

上海科技教育出版社

图书在版编目(CIP)数据

信息科技学科项目化学习的设计与实施 / 郑珠，王颖，刘青枝著. -- 上海：上海科技教育出版社, 2025.6.
ISBN 978-7-5428-8451-0

Ⅰ. G633.672

中国国家版本馆CIP数据核字第20253ZF341号

责任编辑 杨秋旻
封面设计 李梦雪

信息科技学科项目化学习的设计与实施
郑珠　王颖　刘青枝　著

出版发行	上海科技教育出版社有限公司
	（上海市闵行区号景路159弄A座8楼　邮政编码201101）
网　　址	www.sste.com　www.ewen.co
经　　销	各地新华书店
印　　刷	上海商务联西印刷有限公司
开　　本	720×1000　1/16
印　　张	9.5
版　　次	2025年6月第1版
印　　次	2025年6月第1次印刷
书　　号	ISBN 978-7-5428-8451-0/G·5058
定　　价	58.00元

本书由内蒙古师范大学教育学院出版基金(2024)资助

前　　言

  在当今这个知识爆炸、技术飞速迭代的时代,教育领域正经历前所未有的变革。传统的教育模式已逐渐无法满足社会和个体发展的需要,新的教育理念和方法不断涌现。《义务教育信息科技课程标准(2022年版)》指出,信息科技课程旨在培养学生科学精神和科技伦理,提升数字素养与技能,倡导以真实问题或项目为驱动,引导学生经历计算思维过程和数字化工具应用过程,鼓励"做中学""用中学""创中学",凸显学生的主体性。而在众多被认为能够培养学生学科素养的教学方式中,项目化学习(project-based learning,PBL)作为一种富有创新性和实践性的教学模式,受到广大一线教师和教育工作者的青睐。本书的编写正是基于对这种新型教学方式深入探索与实践的一次总结和分享。

  项目化学习强调以学生为中心,通过解决实际问题或完成具体项目来培养学生的知识、技能和素养。它突破了传统课堂的边界,将学习过程延伸到真实世界的各种场景中,让学生在动手操作和实践中学习知识、锻炼能力、培养创新精神和团队合作意识。这种方式不仅能够激发学生的学习兴趣和主动性,还能够帮助他们建立学习与现实生活之间的紧密联系,为未来的学习和生活打下坚实的基础。

  本书的目标读者包括但不限于教育工作者、课程设计者、学生以及所有对教育创新保持开放心态的人士。本书分为四章。第一章"项目化学习概述"系统介绍了项目化学习的发展历程、内涵、特征、意义以及设计与实施策略等基本理论问题,旨在为读者提供一个全面而深入的理论框架。接下来的三章分别从不同角度展示了项目化学习的具体实践案例。第二章"项目化学习的'非常1+7'模式"聚焦于如何应用"非常1+7"模式进行项目化学习活动设计,通过三个具体案例展示该模式的应用和效果;第三章"跨学科项目化学习案例"通过三个案例探讨如何打破学科界限设计项目化学习活动,以促进知识的综合运用和创新思维的培养;第四章"促进深度学习的项目化学习案例"通过三个案例分析如何利用项目化学习促进学生深度学习,培养其批判性思维和创新能力。

  这些案例以信息科技学科项目化学习为主线,同时涵盖环境保护、旅游规划、历史文化、科学普及等多个领域,不仅展现了项目化学习情境设置的多样性,也反映了作者团队在教学实践中的积极探索和创新成果。每一个案例都详细记录了项目说明、项目活动设计、导学单、评价反思等关键环节,充分体现了项目化学习的丰富性和灵活性。通过这些生动具体的实例,读者可以更加直观地理解项目化学习的精髓和魅力,从中获得可借鉴的经验。作者团队希望这种案例分享的方式能够帮助广大教育工作者更好地理解和掌握项目化学习的理念和方法,推动这一教学方法在更广泛范围内的有效实施。

  最后,要感谢所有参与本书编写和案例提供的朋友,同时也期待与广大教育工作者共同推动项目化学习在我国的蓬勃发展。在阅读本书的过程中,若有任何疑问或建议,欢迎随时与我们联系交流。我们将竭诚为您提供帮助和支持,您的反馈将是我们宝贵的财富。愿本书成为您教学和学习旅程中的一盏明灯,引领我们共同迎接信息化时代的挑战。

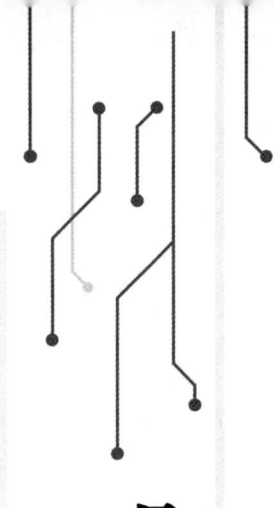

目录

第一章　项目化学习概述　1
　第一节　项目化学习的发展历程　2
　第二节　项目化学习的内涵　4
　第三节　项目化学习的特征　6
　第四节　项目化学习的意义　8
　第五节　项目化学习的设计与实施策略　9
　第六节　项目化学习评价　14

第二章　项目化学习的"非常 1+7"模式　16
　案例1　数据分析"煤"污染　18
　案例2　编程控灯利出行　32
　案例3　信息技术伴我学　56

第三章　跨学科项目化学习案例　69
　案例1　英雄人物事迹展　71
　案例2　气象生活小卫士　82
　案例3　智能旅游计划　90

第四章　促进深度学习的项目化学习案例　101
　案例1　制订旅行计划,领略祖国河山——互联网信息搜索与整理　103
　案例2　制作科普短视频——互联网+创新生活　119
　案例3　最适宜的运动心率计算器　136

第一章
项目化学习概述

随着人工智能、大数据、互联网+、5G等新一代信息技术的快速发展,教育领域正在发生深刻变革,而传统教育模式已无法满足社会对高素质人才培养的需求,特别是在创新和实践能力方面。在这一背景下,教育界迫切需要一种新的教学方法,既能充分激发学生的主动性和创造性,又能培养他们解决复杂问题的能力。面对这一挑战,项目化学习逐渐受到关注,并迅速成为教育领域内一种富有成效的教学方法。项目化学习是体现以人为本的理念,落实以学习者为中心的创新教学方法。本章旨在为读者揭开项目化学习的神秘面纱,通过对其发展历程、内涵、特征、意义以及设计与实施策略的详细解读,带领读者深入理解项目化学习的核心要义与应用价值。

本章首先追溯项目化学习的历史脉络,探讨其发展至今的演变过程。了解项目化学习的起源,有助于我们认识到它并非一时的教育风尚,而是经过时间检验的有效教学模式。项目化学习的内涵将是本章探讨的重点,包括其定义与基本要素。在此基础上,本章将梳理项目化学习的显著特征,这些特征体现了项目化学习如何促进学生的自主学习能力、批判性思维和合作能力的培养,而这些能力正是深度学习的重要表现。同时,本章也将阐明项目化学习的重要意义,分析其在培养学生综合素质、增强未来社会适应能力方面的重要作用。为确保项目化学习的成功实施,本章将讨论如何设计有效的项目化学习活动,并分析教师在实施过程中的关键角色。项目化学习的目标不仅在于促进学生深入理解概念和提升能力,还包括引导学生实现知识迁移与创造。这需要教师进行科学的设计和深入的学习与实践。最后,评价机制是项目化学习不可或缺的一环。本章强调了多元化评价体系,包括对作品成果、课堂表现、探究深度和情感态度等方面的评价。同时,提出了自我评价、螺旋评价和同伴评价等多种评价方式,以全面、客观地反映学生的学习效果。

通过本章的介绍,读者将获得一套完整的项目化学习理论框架,为深入探索后续章节中的丰富案例奠定坚实基础。

第一节　项目化学习的发展历程

"项目"这一概念源于管理学,是指在特定时间内,为了实现与现实相关的特定目标,把需要解决的问题分解为一系列相互关联的任务,以便在群体间能够相互合作,并有效组织和利用相关资源,从而创造出特定产品或提供服务的过程[1]。随着"项目"这一概念逐渐被引入教育学领域,产生了基于项目的学习,即项目化学习。

美国实用主义教育家杜威提出建构性作业的概念,即学生应该在体验生活中主动学习。他主张"教育即生活,学校即社会","为社会生活做准备的唯一方式就是投身于社会生活"[2],以及教师要引导儿童"从做中学"等。1896年,他创立了一所实验中学作为其教育理论的实验基地,并担任该校校长。其教育理论强调个人发展、从实践中学习和体验式学习,成为20世纪项目学习研究与探索的重要理论支撑[3]。

1918年,克伯屈给出了项目学习的广义定义,为项目学习在教育领域的发展与普遍应用提供了可行的理论依据。他指出,所谓项目,就是一个由实施者设计、计划并且在一定范围内完成的完整活动(或经历/经验)[4]。20世纪初,项目化学习主要受克伯屈和杜威思想的影响。到了20世纪后期,更多学者从多视角深层次揭示了项目化学习的思想内涵,并在实践中探索其在各种教育环境中的

---

[1] 胡佳怡.项目式学习中"教"与"学"的本质[J].基础教育参考,2019(2):7-10.
[2] Dewey J. School and Society [A].The Middle Works of John Dewey(Vol.1)[C].Carbondale: Southern Illinois University Press, 1899. 1-109.
[3] 刘育东.国外项目学习的历史沿革及发展趋势[J].教育理论与实践,2019,39(19):60-64.
[4] 刘育东.国外项目学习的历史沿革及发展趋势[J].教育理论与实践,2019,39(19):60-64.

应用。项目化学习理念开始得到普遍认同,并在国际范围内广泛传播。

1995年,《科学课》期刊发表了一篇翻译稿,该稿件是德国学者安内莉泽·波拉克在中德自然观研讨会上向中国介绍的德国家乡常识课项目设计教学实例。文中阐述了该课程的重要性和在德国初等教育中的运用[1]。在德国,项目化学习最早应用于职业教育领域,旨在帮助职业教育的学习者获得实践性、过程性的知识和技巧,这对后来我国项目化学习的发展产生了重要影响[2]。1999年第12期《中国培训》发表《项目教学法———一种有益的尝试》一文,阐述了在商业训练中实施项目教学法的作用。随后,项目化学习在我国开始蓬勃发展。

进入21世纪,项目化学习已经被认为是一种学习方式的革命。2004年,萨莉·伯曼撰写的《多元智能与项目学习》开发了能够提升学生问题解决能力的项目,这些项目几乎涵盖整个小学和中学阶段。项目研究范围广泛,涉及社会研究、科学研究、语言研究等领域,并在此基础上结合多元智能理论,提出了有助于学生进行项目化学习的教学方法。同时,还对不同层级项目中的信息搜集、活动设计、作品制作、展示和评价等环节进行深入研究[3]。

2008年,我国学者任伟在国内翻译出版了美国巴克教育研究所的《项目学习教师指南》。该书由美国巴克教育研究所的研究团队经过长期实践研究编写而成,总结了项目化学习的概念、特点及项目设计与管理方法,为教师提供项目启动阶段的步骤、教学案例和项目评价清单等指导与参考,成为中小学教师开展项目化教学的实操手册。该书的出版成为项目化学习正式进入我国的关键标志。

《国家中长期教育改革和发展规划纲要(2010—2020年)》提出,教学过程应注重学生的主动学习、独立学习和问题解决能力,这与项目化学习倡导的教与学育人目标相符合。建构主义与学习科学为项目化学习提供了学理依据,使得项目化学习在多个领域获得广泛的认同与推崇,如医学领域、教育领域、经济领域等。近几年,随着素养研究在国际范围内的兴起,项目化学习已成为我国基础教育领域研究和实践的热点。

---

[1] 陈燕祝.高中化学STEM项目学习活动设计与实践研究[D].贵州师范大学,2020.DOI:10.27048/d.cnki.ggzsu.2020.000518.

[2] 赵丽萍.项目学习的发展及现实问题研究[J].中国教育学刊,2013(S2):32-33,35.

[3] 伯曼.多元智能与项目学习:活动设计指导[M].夏惠贤,王加林,杨洁,等译.北京:中国轻工业出版社,2004.

第二节　项目化学习的内涵

项目化学习发展历史悠久,应用领域广泛。在不同的研究中,对其内涵的解读各有不同。

美国巴克教育研究所把以课程标准为核心的项目化学习定义为一套系统的教学方法,它是对复杂、真实问题的探究过程,也是精心设计项目作品、规划和实施项目任务的过程。在这一过程中,学生能够掌握所需的知识和技能[1]。索洛曼描述的项目化学习内涵是:在项目化学习中,学习者以小组形式共同解决跨学科课程中一些具有挑战性的真实问题。学习者自主决定如何解决问题以及过程中需要进行哪些活动。这种学习具有实用价值,因为它与现实紧密联系。最后,学生阐述他们所获得的知识,评价者对其习得的知识和展示交流的效果进行评估[2]。布卢门菲尔德等人详细描述了项目化学习的学习过程,指出基于项目的学习是一种以学生参与调查为重点的综合性教学活动[3]。约翰·托马斯认为,项目化学习需要设计复杂的任务、决策或调查活动。在整个过程中,要充分发挥学生的主动性,项目化学习最终以产品或陈述报告等形式结束[4]。

在国内,刘景福等人认为,基于项目的学习是一种探究性学习模式。它以学科概念和原则为中心,以完成作品为目的,让学生在各种资源的支持下开展针对真实问题的探究活动[5]。他们指出,项目化学习主要由内容、活动、情境和结果四个要素组成。项目化学习的过程主要分为六个基本步骤:项目选择、计划制订、活动探索、工作产出、成果交流和活动评价。张文兰等人以国家课程重建为

---

[1] 美国巴克教育研究所.项目学习教师指南:21世纪的中学教学法:第2版[M].任伟,译.北京:教育科学出版社,2008.

[2] Solomon G. Project-Based Learning: a Primer[J]. Technology and Learning, 2003(23): 20-26.

[3] Blumenfeld C, Soloway E, Marx W, et al. Motivating Project-Based Learning: Sustaining the Doing, Supporting the Learning[J]. Educational Psychologist, 1991, 26(3): 369.

[4] Thomas J W. A Review of Research on Project-Based Learning[EB/OL]. [2025-2-18]. https://www.nido.cl/uploaded/pblresearch2.pdf.

[5] 刘景福,钟志贤. 基于项目的学习(PBL)模式研究[J].外国教育研究,2002,29(11):18-22.

突破口,立足于基础教育课程教学的实际情况,结合网络学习环境的优势,并在相关理论的指导下,构建了涵盖项目设计、项目实施和项目评价三个环节的课程重构模式[1]。闫寒冰认为,信息技术教学中实施研究性学习通常分为七个基本步骤:项目设计、分工、计划、探索与合作、作品制作、呈现和总结评价[2]。秦亚欧等人构建了大学生信息教育的项目化学习模式,包括探究(项目设计、情境创设)、提问(选题、小组合作)、搜索(探究合作、信息收集与整理)、分析评估(分析、评估信息)、综合(信息加工、比较选择)、创作(讨论策略、作品制作)、交流(汇报演示、交流结果)、评价(自我评价、相互评价、总结与反思)[3]。北京师范大学郭华认为,在动态的实践层面,项目化学习既是课程形态又是教学形态(教学策略),二者合二为一。他认为,项目化学习是学生在学习系统学科知识的基础上,综合运用多学科知识进行自主学习的一种综合性、活动性的教育实践形态。这种教育实践形态与系统的学科教学相互映照、相互支撑、相辅相成。一方面,突出了项目化学习是学校教育不可或缺的组成部分;另一方面,凸显了项目化学习基于学科又超越学科的特性,有助于学生理解不同学科的独特价值及学科间的相互联系,具有帮助学生关注当下社会生活、融入现实生活的不可替代的价值[4]。

从以上研究可以看出,无论是从教学方法、教学形态还是教学过程等角度对项目化学习进行定义,其共同点都是基于学生所学的学科知识和概念,通过解决真实情境中的问题促进高阶思维能力的提高,并强调作品的制作和分享。本书参考美国巴克研究所的定义及张文兰等人基于国家课程的项目化学习研究成果,来阐述项目化学习的内涵。项目化学习是一种学习模式,它以国家学科课程的研究性重构为基础,围绕驱动性问题,立足实际情况,利用丰富的资源,以学科核心知识为中心,以项目工作为主要学习形式,以学习成果为主要目标,组织小组合作开展探究活动。

从项目化学习的内涵可以归纳出四个基本要素:项目内容、项目活动、项目

---

[1] 张文兰,张思琦,林君芬,等.网络环境下基于课程重构理念的项目式学习设计与实践研究[J].电化教育研究,2016,37(2):38-45,53.
[2] 闫寒冰.信息化教学评价:量规实用工具[M].北京:教育科学出版社,2003.
[3] 秦亚欧,刘宝瑞.采用"项目学习法"构建高校学生信息素质8W教学模型[J].图书馆学研究,2008(6):46-50.
[4] 郭华.项目学习的教育学意义[J].教育科学研究,2018(1):25-31.

场景和项目评价。其中,项目内容既包括基于课程标准设计的课程内容,还包括源于真实生活情境的多学科问题内容。项目活动主要是在项目化学习的过程中,学生使用网络、信息技术工具等获取知识信息、完成项目任务、建构知识经验、交流学习成果。项目场景既包括为创设项目问题、激发学生学习兴趣而设置的学习情境,也包括为学生提供交流与合作的平台,旨在提高学生的信息素养和解决问题的能力。项目评价是评估项目化学习有效性的重要手段,不仅包括对学生在项目化学习后知识掌握情况的评价,也包括对学生项目成果的评价。评价方式主要包括对学生完成项目过程行为的评价,以及通过总结性评价对项目成果和学习成绩的评价。

第三节 项目化学习的特征

探究有效的项目化学习所具有的特征在该领域的研究中非常重要。美国巴克教育研究所指出,项目化学习主要具备以下四个特征:一是发掘学生内在的学习驱动力,引导他们关注学科的核心概念和原理;二是注重能够激发学生对真实且重要主题进行深刻思考的挑战性问题;三是引导学生使用基本工具和技能进行学习、自我管理与项目管理;四是注重产品成果,并强调解决问题、解释难题的过程,以及演示通过调查、研究和推理所获得的信息[1]。

鲍尔斯等人指出,项目化学习具有六大特征,包含驱动问题、学习目标、教学活动参与度、学生之间的协作、脚手架使用情况、有形作品的创建[2]。

潘等人认为,项目化学习包含五大特征:一个重要的问题、学生探索问题、师生共同得出解决方案、在技术或工具的支持下建立框架、解决最终问题[3]。

胡佳怡将项目化学习与传统教学模式进行了比较,总结了项目化学习的基

---

[1] 孙思佳.项目式学习研究的文献述评[J].科教文汇(上旬刊),2019(3):54-56.
[2] Shin N, Bowers J, Krajcik J, et al. Promoting Computational Thinking through Project-based Learning[J]. Disciplinary and Interdisciplinary Science Education Research, 2021, 3(1): 1-15.
[3] Gray P, Seow P S, Venky S, et al. Essence of partnership management in project-based learning: insights from a university's global project programme[J]. Journal of International Education in Business, 2021, 14(2): 297-319.

本特征如下:真实或接近真实的问题,情境合理且复杂的任务,强调学生共同参与的项目活动,进行交叉学科知识的学习,需要运用多种信息技术和认知工具,强调合作的人际关系和学习氛围。评价手段是通过对作品进行分析和讨论,最终的作品或问题解决方式要产生社会效益[1]。

张爽认为,项目化学习具有如下特征:学生注重解决一系列相互关联的问题,学生能制作出具体的成果或产品,学生以小组合作的形式解决问题,学生在活动中会扮演一定的角色,学生的学习有一定的时间限制,学习过程中需要运用多种认知工具和信息资源[2]。

综上,本书将项目化学习的特征总结为以下六个方面。

第一,强调以学生为中心。在项目化学习中,学生始终是学习的主体。具体表现为从项目主题的选定、项目计划的制订,到项目的实施,再到项目产品的制作、展示,最后到项目实施过程和结果的评价与反思,学生都需要全程参与其中,并发挥主体作用。教师则扮演指导者、观察者和参与者的角色。

第二,以小组合作为主要学习形式。在项目化学习开展之前,应根据项目顺利开展和深入研究的需要,组建合适的项目学习小组。通过小组成员之间的沟通、交流和分享各种学习资源、学习方法、学习成果,形成相互影响、相互促进的学习共同体。

第三,学习内容体现知识统整的思想。项目化学习围绕一定的项目主题或多个单元的知识构成的复杂问题开展,设计的学习内容往往会突破教材的章节体系或学科界限,强调知识的统整和重构。

第四,学习过程是对问题的探究与解决过程,学习时间具有一定的跨度。项目化学习是以问题解决和作品制作为核心的探究过程,这样的探究活动并非单个学时可以完成,而是需要一定的时间跨度。

第五,学习结果是形成最终的项目作品。项目化学习在活动结束时要形成一定的项目作品。项目作品是学生进行项目化学习的劳动成果,也是学生进行公开展示与交流的内容,更是对学生学习结果进行评价的依据。

第六,学习目标既关注当下,又面向未来。在项目化学习中,学习目标不仅

---

[1] 胡佳怡.项目式学习的本质、模式与策略研究[J].今日教育,2016(4):47-49.
[2] 张爽.基于项目的探究性学习模式研究[D].大连:辽宁师范大学,2006.

包括掌握事实性知识与内容,还包括提高运用知识解决复杂问题的能力。同时,它不仅关注学习结果,更重视学习过程。此外,学习目标不仅局限于学生当下的成功体验,还着眼于培养学生的决策和规划能力,使其能够自觉且持续地进行终身学习。

第四节　项目化学习的意义

针对项目化学习的意义,董艳等人提出,项目化学习有利于提高学生的21世纪学习技能,发展学生的核心素养。

郭华认为,项目化学习"可以解学科课程教学之弊,可以帮助学生理解学科知识的独特价值以及不同学科间的联结与促进作用,可以帮助学生初步实现从学习主体向社会实践主体的转化"[1]。对于项目化学习可解学科课程教学之弊,郭华指出,传统教育过分强调有计划的教育环境,忽略学生作为活动主体的主动性,无法为学生提供综合运用知识解决真实问题的情境,这使学生难以应对急剧变化的社会。而项目化学习因其跨学科的、灵活的、开放的、有鲜明时代特点的特性,为学生提供了综合运用所学知识、相互合作探究和接触真实社会生活的机会。这样的学习方式有利于培养学生的21世纪技能与核心素养,能够承担新时代赋予教育的功能。在项目化学习有利于培养未来社会实践主人的意义方面,郭华强调,项目化学习将教学与社会实践有机融合。在目标达成或问题解决的过程中,伴随着多学科知识的综合运用,学生对学科知识的独特价值以及不同学科间的联结与促进有了更深入的理解,对合作共处、问题解决、创新实践有了更直接的体验,对学习选择、学会承担、感受责任有了更深刻的体会。这有助于学生由自然人向社会人过渡,培养学生成为未来社会实践的主人,成为未来社会的建设者和创造者。

在项目化学习对学生能力培养的意义方面,博斯在《项目式教学》一书中将创新科学技术引入项目化学习教学,培养了学生的社会工作技能,提升了他们对疑难问题的思考能力和任务解决能力,从而有助于学生更好适应未来社会的发

---

[1] 郭华.项目学习的教育学意义[J].教育科学研究,2018(1):25-31.

展。黄项宇指出,以学生为中心的课堂教学分组活动能够培养学生的高阶思维,促进知识迁移,从而提高自主学习能力,这对于学生的终身学习和发展具有重要意义。胡红杏通过发放问卷分析得出,项目化学习促进了学生的学科核心素养、人文精神及知识运用能力的提升,提高学生的学习效率,这说明项目化学习对学生综合素养的提升有积极作用。茆婷婷认为,小组合作、讨论、陈述、展示等形式能够对学生的批判性思维、创新能力、团队合作能力、解决问题能力、责任承担意识、倾听他人意见的能力产生积极影响。这些能力都是学生在未来社会中不可或缺的。

因此,本书将项目化学习的意义主要归纳为以下两大方面。

从学生发展的角度来看,项目化学习的本质是将知识习得与认知发展融入问题解决的过程中。它将学生的学习与生活、知识与经验、素养与能力融合在一个项目之中,使学生的知识习得、能力提升、素养发展融为一体,实现"学"与"用"的有机整合。这不仅有助于学生理解与掌握学科知识及其独特价值,还有助于他们融合不同学科间的知识,帮助学生在完善自我的同时,为适应未来社会发展奠定坚实基础。

从课程实施的角度来看,项目化学习融入学科教学,有利于解决当前课程实施中的困境,打通基础型课程、拓展型课程和探究型课程之间的知识与能力壁垒,完善学校课程结构。同时,项目化学习将知识学习与利用所学知识解决问题相结合,让学生在问题解决过程中获得知识和能力,成为解决分科教学与探究教学冲突的突破口,从而有效解决当前学科课程教学的弊端。

第五节　项目化学习的设计与实施策略

吕星宇认为,学校可以通过四种创造性重组策略实施项目化学习,即将学科课程转型为问题驱动的学科探究式课程,将探究式课程深化为问题解决类探究课程,将综合实践活动优化为探究式活动设计,将不同种类课程进行融合[1]。

夏雪梅认为,学科项目化学习的设计应该是双线并行,实现学科素养和跨学

---

[1] 吕星宇.项目式学习价值及学校实施路径[J].创新人才教育,2019(3):29-33.

科素养的融合,即学科项目化学习的设计在基于课程标准中的关键能力和核心概念的同时,要指向创造性、批判性思维、探究与问题解决、合作等跨学科素养。在学习基础素养的实践中,强调项目化学习的设计要基于两类目标:一类是学科的关键能力,另一类是指向跨学科的学习与思维素养,如创造性、批判性思维、合作与沟通、问题解决等[1]。对于教师而言,开展项目化学习要做好以下三个方面的工作:一是转化学生提出的真实问题;二是建立知识间的相互联系;三是通过创设不同的情境,实现学科关键知识在多学科情境中的创造与实践。

项目化学习围绕问题情境展开,让学生通过自主、合作、探究来学习知识,提升解决问题的能力。在教学中,教师以项目化学习方式呈现学科核心概念,通过驱动性问题组织学生开展探究实践,采用多元化学习成果展示方式对学生进行评价,可以有效激发学生的学习主动性和积极性,从而落实核心素养的培育要求。

基于此,本书提出项目化学习的设计与实施策略如下。

一、项目化学习的设计策略

(一) 单元学习策略

单元学习能将零散的知识进行系统化整合,构建结构化的知识体系。在此过程中,应以主题为核心线索,将各个知识点紧密串联,最终形成完整的单元学习框架。

1. 确定项目主题

项目主题是项目化学习的目标和方向。项目主题要符合项目化学习的特征,包括跨学科性、问题解决性、学习主体性,同时具备一定的统摄力。解决问题是推动项目化学习的核心驱动力,因此项目主题应依托课程内容体系,以问题解决为导向进行设计。主题设计应结合学生的生活实际,将学习内容与学生的日常生活、当地经济、社会、文化、生活相结合。此外,项目主题应重点关注以下内容:学生学什么、为什么学、怎么学、学到什么程度和学习效果。

教师要根据学科核心素养整合教学内容,确保内容结构合理。主题设计要结合学科课程特点和学生的学习背景,不仅要具有教育意义,还要符合学生的兴

---

[1] 夏雪梅.项目化学习的实施策略[J].湖北教育(教育教学),2019(10):8-9.

趣,激发他们的学习积极性。因此,主题的选择不应局限于教材,而应与现实生活紧密结合。

2. 设计驱动型问题

将项目主题转化为适合特定学习对象的驱动性问题,具体来说,应嵌入学生感兴趣的情境,使问题既有趣又不失挑战性。情境设置要重点关注以下要点:情境应尽量真实,源于学生生活实践;情境创设应基于学生"最近发展区",能引发学生思考并产生问题;情境要支持学生深入探究,为学生提供适切的学习资源和工具;情境要促进学生合作互动;情境还需要有助于学生进行知识迁移,能解决生活中的实际问题。

(二) 支架策略

项目化学习强调实践探究,引导学生在操作和交流的体验过程中掌握知识并生成新知。在实践探究过程中,教师应突出"扶"的作用,为学生提供学习支架。学习支架起到帮助学生顺利穿越"最近发展区"的作用。学生通过内化支架,获得独立完成任务的技能。支架策略有助于学生融会贯通地理解知识,提升其在具体问题和抽象问题间的灵活转换能力,进而形成解决学科问题的有效思维策略。学习支架包括图表支架、问题支架等。

1. 图表支架

图表能够直观地呈现信息,为教师和学习者提供便捷的可视化工具。图表在促进学生高阶思维活动方面应用广泛。例如,教师可以利用概念图帮助学生分析知识点,使学生清晰地理解概念间的联系和差异。在教学过程中,常用的图表形式包括思维导图、维恩图和流程图。

2. 问题支架

在课堂上,教师通过提出多样化的问题,激发学生进行深入思考与探究。问题支架更加注重对细节的深入探究和实际应用的操作性。教师要着重关注通过问题期望达成的结果,因为合适的问题能够促进学生的思维发展,提高他们的自主思考能力,激发学习欲望。有经验的教师能在课堂上及时为学生提供问题支架,新手教师则可以通过实践或预设学生在学习过程中可能出现的问题,设计问题支架,辅助学生学习。

(三) 项目评价设计策略

在项目化学习结束后,教师要对项目化学习的情况,尤其是学生的思维能力,进行整体性评价,并据此优化教学策略。在评价过程中,不仅要关注学生最终的作品,也要重视学生在整个学习过程中的表现。评价类型包括过程性评价和终结性评价,评价方法包括纸笔测试、量表、档案袋、公开展示与汇报等。

1. 过程性评价

项目化学习十分强调学生自主探究的过程。在项目化学习的各个阶段,都需要进行评价以保证项目的顺利完成。因此,过程性评价可以调控学生项目化学习的进展,帮助学生发现活动中存在的问题,确保他们完成每个小任务。

2. 终结性评价

在项目实施的最终环节,教师应依据一定的评价标准对项目成果进行评价。评价结果可以在一定程度上反映学生的项目完成情况。在这一过程中,学生也可以通过观摩或评价其他小组的成果,发现自身存在的问题。

二、项目化学习的实施策略

(一) 项目准备的实施策略

项目化学习的准备工作包含资源分析与选题确定、学情分析与目标设计、任务设计等。前期的准备是项目实施阶段的基础,也是保证项目化学习质量的关键环节。

1. 资源分析与选题确定

教师在设计前,应精心筛选教学资源,使之与教学内容有效结合,为学生的学习提供真实的学习情境与有效的学习支架,并依据课程标准选题。课程标准不仅为每个学习主题提供明确的内容要求、学业要求,还结合主题特点提出可实施的教学提示。

2. 学情分析与目标设计

在确定学习内容前,教师应先了解学生的学情,以及选题所涉及的知识,进而分析学生是否具备这些知识,或是否能够通过查阅资料、交流访谈等方式自主获得。同时,教师还应分析学生需要掌握哪些技能。项目化学习的目标由总体目标和分目标组成,对应于后续的总任务与子任务。从项目整体出发,教师应以发展学生的思维与学科概念为核心目标,并确立落实核心目标的实践途径,使学生在项目学习的过程中能够充分地将科学探究过程与实际问题的解决过程相结合。

3. 任务设计

在项目实施过程中，教师需要组织学生进行知识学习、探究实践、资源搜集、校内外活动等任务。为确保学习活动有序推进，教师需要事先将项目任务分解成一个个明确的子任务，使学生明确各个任务之间的逻辑关系及具体要求，并设计驱动型问题作为指引，引导学生在规定时间内有序完成项目学习。

（二）项目探究的实施策略

1. 基于真实情境导入项目

为促进学生深度学习，教师应创设可以让学生积极主动参与、合作、探究的真实情境。教师可运用图片展示、视频演示、语言描述等手段向学生展示项目选题情境及其学习意义。在真实情境创设方面，教师在设计时应着重注意以下两点：一是营造积极的学习氛围，创设良好的课堂文化。融洽的师生关系、合理的分组及浓厚的学习氛围都有助于教学的顺利展开。二是创设良好的问题情境。当学生面对真实且复杂的项目情境时，他们的兴趣和求知欲会进一步被激发，从而促使他们进行深入思考，提高解决问题的能力。

2. 师生共研项目方案

教师可以与学生共同研讨项目方案，也可以在前期初步确定的方案框架基础上进一步细化具体的实施步骤。在方案设计过程中，需要考虑不同阶段的项目任务与目标，明确相应的场地、所需资源、实施步骤、预期结果等，然后在此基础上合理组建学习小组。

（三）项目评价的实施策略

良好的评价和反思可以让学习事半功倍。教师在评价项目化学习的最终效果时，要考虑评价主体的多元性，从而使评价更全面、客观。学生在项目化学习结束后进行有效反思，不仅可以巩固所学知识，还可以发散思维，进而完成知识的迁移，促进深度学习。

1. 多元主体的学习评价策略

评价反馈是促进学生深度学习的重要方式。教师评价、小组互评相结合的多元评价方式能够让学生在评价中学习，养成自我反思的习惯。

2. 关联、转化、反思策略

项目结束后，可引导学生绘制概念地图。这有助于学生建立新旧知识的关联，从而评估学生的知识关联能力。同时，也可以引导学生回顾"发现问题、分析问题、解决问题"的全过程,促进学生反思问题并复盘项目过程。这不仅有利于提升学生的自我认知水平,也能增强其将所学知识灵活应用于解决真实复杂问题的能力。

总之,项目化学习既立足于学科基础,又突破学科界限。其有效设计与实施并非为了让学生习得碎片化的知识或技能,而是要引导学生在新情境中解决问题、创造新意义,帮助学生实现知识的迁移与创造。在这一过程中,学生不仅对概念有了深度理解,也提升了关键能力和核心素养。项目化学习的落地实施需要科学、缜密、求实的顶层设计,需要与当前课程教学深度融合,更需要广大教师的深入学习与实践。

第六节 项目化学习评价

近年来,关于项目化学习教学模式注重教育教学过程性及终结性评价的研究逐渐增多。研究者普遍提倡构建多元化评价体系,认为对学生的评价不应局限于成绩,而应进行多元化的评价,包括对学习者在项目化学习过程中的知识掌握程度、能力提升程度、意识培养等维度进行评价。

克拉杰克等人认为,项目化学习的评价需要围绕作品展开——形成作品并评估作品。此外,还要关注学生的课堂表现、探究深度、情感态度等方面,采取多元化评价方式。林等人强调项目化学习评价的客观性、综合性和全面性,提倡将自我评价、螺旋评价和同伴评价三种方式相结合[1]。戈亚尔等人通过项目化学习的教育实验验证了螺旋式评价和同伴互评相结合的评价模式的有效性[2]。

桑国元、蔡添从评价主体、评价内容和评价方法等方面对项目化学习中的学生评价做了详细阐述,强调评价的多元性、真实性[3]。张文兰等人则主张利用网

---

[1] Lin H Y, You J. Predicting Teamwork Performance in Collaborative Project-based Learning[J]. Journal of Education and Learning, 2021, 10(4): 104-117.

[2] Goyal M, Gupta C, Gupta V. A meta-analysis approach to measure the impact of Project-based Learning outcome with program attainment on student learning using fuzzy inference systems[J]. Heliyon, 2022, 8(8): e10248.

[3] 桑国元,蔡添.项目式学习中的学生评价[J].教学与管理,2021(31):1-4.

络平台评估项目化学习过程中学生的表现和学习效果。评价主体可以是教师，也可以是学生本人。评价方式包括定性评价、定量评价、阶段性评价和成果性评价等多种类型，旨在全方位反映学习效果[1]。

祝振宇、唐雅慧等人分析了传统教学评价体系在项目化学习应用中的局限性，提出项目化学习应注重教学活动结构优化、教学过程设计完善和教学手段探索创新的观点。他们构建了教育教学平台的评价体系，并结合多元智能理论和动态发展原则，梳理了项目化学习教学的主要评价指标，包括对教学活动条件、教学内容与方法、教师指导和学生认知发展等因素的评价。其中，教师教学工作中的过程性评价和学生学习效果的终结性评价是最重要的两个参考标准。

综合上述研究可以看出，项目化学习评价是项目化学习过程中的重要环节。它不仅能够衡量学生对知识和技能的掌握程度，还能评估学生在项目过程中所展现的团队合作、问题解决等能力。设计项目化学习评价的一些关键步骤包括确定评价目标、明确评价内容、选择评价方法、设计评价指标、制定评价标准、实施评价以及进行反思和改进。

目前，人们对项目化学习的关注度日益提高，其重要性不断提升。这种教学模式已逐渐为学生所熟悉，并在各教育阶段得到广泛运用。在我国，关于项目化学习的研究已经从理论探索转向理论与实践并重的阶段，人们不断认识到项目化学习在教育教学发展中对育人目标实现的促进作用。对于项目化学习的理解、实施方法和培养对象的探讨，也对教育的发展产生了深远的影响。

---

[1] 张文兰,张思琦,林君芬,等.网络环境下基于课程重构理念的项目式学习设计与实践研究[J].电化教育研究,2016,37(2):38-45,53.

第二章

项目化学习的"非常1+7"模式

项目化学习八大黄金标准是由美国巴克教育研究所提出的项目设计基本要素框架,包括1个核心和7个设计要素。核心聚焦于学生的学习目标,即关键知识的理解和成功技能的发展。7个设计要素包括:挑战性问题驱动,持续探索,真实性,学生的声音和选择,重视反思,评价、批判与修正,公开的产品展示。八大黄金标准的主要目的在于帮助教师评估并提高项目设计与实施能力。教师能够依据这些准则,结合学科课程标准,将探究、合作、挑战、成果展示等丰富的学习元素融入项目化学习过程。

为便于教师更好地理解项目化学习的设计环节,北京师范大学董艳及其团队结合项目化学习的缘起与发展,在解析PBL八大黄金标准的基础上,提出项目化学习"非常1+7"模式("非常1"指1个核心,"7"指7个设计要素)。该模式为教育实践者提供详细的操作指导,并明确各个环节的重要程度以及它们之间的逻辑关系。首先,八大黄金标准强调项目化学习中所有要素间的整体性,而"非常1+7"模式则强调设计流程,便于教师把握流程中的重点。该模式将"非常1"拆分为"2个要点","7"拆分为"3导向"和"4促进"。这能进一步帮助教师明确教学中不同角色的地位[1]。其次,八大黄金标准强调操作要素,除了核心的"关键知识的理解和成功技能的发展",其他元素可能对一般教师来说过于复杂,在理解和应用过程中容易顾此失彼。"非常 1+7"模式则强调设计分组和重点,便于教师把握设计要素。然而,教师在实际设计和实施项目化学习时要注意,八大黄金标准与"非常 1+7"模式之间并无矛盾,二者可以互相补充、互相印证。最后,八大黄金标准指导下的项目化学习评价主要关注各核心环节的实施情况,"非常 1+7"模式则强调驱动问题、探索支架以及评价规则的科学性。在实际的项目化学习课堂教学中,为了使学生能够在有意义的情境中学习,教师不仅需要依据教学内容设置真实的情境与问题,还要在情境中积极搭建支架,有效激发学生的学习兴趣和学习动机。"非常 1+7"模式重点强调教师要主动为学生提供支架的导向性原则。

  项目化学习的"非常 1+7"模式的"2 个要点"主要包含知识和技能。"3 导向"体现在教师开发 PBL 项目或课程时,要能够设计较好的驱动问题、提供丰富的探索性学习支架、设计明确的多元评价规则。"3 导向"的具体内容包括:驱动问题导向,即在真实情境中提出具有挑战性的驱动问题,并引发一系列环环相扣的问题链以激发学生兴趣(真实情境可以与学生生活相关,也可以与周围环境相关);探索支架导向,即为项目开展准备充足的认知工具和脚手架,如导学单等(探索支架可以是表格型、问题型、理论分析型等);评价规则导向则强调采用多元化评价方式,考量项目设计表的可行性与作品影响力。教师不但要制定合理可行的评价指标来全方位动态监测学生的学习成效,还要将自己了解到的有关资源变动、进展状况、人员状态等方面的信息通过适当方式及时反馈给学生,引导学生不断优化学习过程、提高效率。

  "4 促进"旨在帮助教师灵活把握 PBL 的实施流程。"4 促进"的具体内容包括:真实情境促进,旨在促进校际、家庭间的资源共享,调动学生的参与热情和积极性;尊重自主促进,旨在为学生提供自主选择权和决策权(学生可自由结组、选题、搜索素材,教师要懂得俯身倾听学生的声音,小组成员应平等对话,通过优势互补解决实际问题);反思引导促进,旨在引导学生针对整个项目实施过程的每个环节和流程,从不同视角进行反思复盘并细致打磨,在反思中改进和完善,不

---

[1] 董艳,张媛静,王宇,等.项目化学习的"非常 1+7"模式[J].数字教育,2021,7(3):66-72.

断积累经验；作品生成促进，旨在引导学生应用跨学科知识和技能，借助信息技术展示创意并生成作品。

"非常1+7"模式能够在项目设计前、项目实施中给予学生具体指导，学生能够在给定的方向和流程中自由发挥，这样既不会脱离学习原有的轨迹，又不会禁锢学生本身的创造性。本章提供了三个基于"非常1+7"模式设计的中小学信息科技课程项目化学习方案作为案例参考。这些案例均依据"3导向"和"4促进"设计教学支架、创设教学情境，帮助一线教师解决理论与实践联结断点的问题，以便顺利开展教学。

案例1　数据分析"煤"污染

一、项目说明

本案例基于人教版普通高中信息技术选择性必修3第四章的主题学习项目"数据分析知天气"进行修改和调整。在保留原项目三个子项目的基础上，新增煤炭污染这一生活化情境，引导学生从空气污染的角度完成本次项目主题。最终，学生将形成数据调查报告和具体的节能减排实施策略，并以书信形式向家长和同学提出日常生活中的环保行动倡议。本案例梳理了项目活动，编制了导学单，并汇总了项目实施的过程性评价量表等内容。

二、"非常1+7"模式分析

（一）"非常1"——知识与技能

本案例的学习目标涉及多学科、多领域的综合知识应用。同时，建议教师将批判性思维与创造性思维的培养融入整个项目的规划、执行和学习探究过程中。

1. 知识

包括大气状况与碳排放的地理知识、数据分析方法等。

2. 技能

统计图表的绘制和呈现，解释性说明文的撰写，数据调查报告的展示与分享，调查访谈，数据采集，合作共享，沟通交流等。

(二)"3导向"和"4促进"

详见表2-1-1。

表2-1-1　数据分析项目"3导向"和"4促进"

项目流程	"3导向"和"4促进"	具体策略呈现
确定项目	真实情境促进	煤炭污染是造成空气污染的一大原因。
	驱动问题导向	"煤炭燃烧对当地城市天气数据变化有什么影响?"这一问题贯穿始终,引导学生持续思考,并制定合理可行的减少碳排放的有效策略和实施方案。
制订计划	探索支架导向	提供天气数据分析报告以及煤炭污染数据报告。
	尊重自主促进	由学生自由组队,选择议题,展开研究。
活动探究	探索支架导向	提供Python程序、流程图绘制工具教程、子项目研究过程记录报告等支架。
	评价规则导向	评估计划方案的可行性。既要从多维度综合评估数据调查报告和节能减排行动计划的可行性,也要关注学生在方案制定过程中的深入思考。
	反思引导促进	充分考虑学生的个体差异,指导学生完成数据采集,积极开展团队协作。
作品制作	产品生成促进	撰写数据调查报告、节能减排行动计划方案。
成果交流	评价规则导向	师生互评量表(表2-1-10)、学生小组内互评量表(表2-1-11)、学生自评量表(表2-1-12)。
	反思引导促进	引导学生积极有效地进行汇报交流。
总结评价	评价规则导向	核心素养目标维度评价表(表2-1-8)、项目教学设计活动检验量表(表2-1-9)。
	反思引导促进	引导学生积极反思,深入思考,梳理经验并总结提升。

三、项目活动设计

(一)学习者特征

1. 一般特征

高二年级学生的思维正从具象向抽象过渡。这一时期的学生好奇心旺盛,对生活中的各类现象充满探究欲,且具备一定的逻辑思维能力,开始尝试从多个角度思考问题。他们有较强的团队合作意愿,在小组活动中能积极表达自身观点,并尝试与他人合作完成任务。同时,学生对与现实生活紧密相关的议题(如环境污染问题)表现出较高的关注和责任感,渴望通过自身努力为解决实际问题贡献力量。

2. 初始能力

学生初步掌握了数据分析的基础工具,对数据概念有一定认知,也理解部分数据分析算法和编程知识。然而,他们将所学知识应用于解决现实生活问题的能力较为薄弱,难以将理论与实际相结合。例如,他们虽能使用数据分析工具处理简单数据,但面对"煤炭燃烧对当地城市天气数据变化的影响"这类复杂的现实问题时,却不知如何运用已有知识进行有效分析和解决。

3. 信息素养

学生具备运用搜索引擎等工具进行数据采集的能力,对信息技术的应用有较高热情,且在数字化学习环境中能够快速适应。例如,通过教学课件、项目导学单等资源,学生能够进行自主学习和探究。

(二)学科核心素养

1. 信息意识

能够根据解决问题的需要,自觉主动地寻求恰当的方式获取与处理信息。在小组合作解决问题的过程中,愿意与团队成员共享信息,以实现信息的最大价值。

2. 计算思维

能够确定学习和生活中的数据问题,提出解决方案,并评价其合理性、完整性,同时分析方案优化或改进的可能性。能采用适当的方法提取数据,正确选用数据分析方法与工具,分析并解释数据。能利用软件工具或平台对数据进行整理、组织、计算与呈现,并掌握一种程序设计语言,编写程序以解决问题。

3. 数字化学习与创新

能够利用数字化资源与工具解决学习中的实际问题,创造性地解决问题,反思与完善学习成果。能够利用数字化资源和工具阐述观点和展示作品。

4. 信息社会责任

认识数据备份的重要性,能根据需要及时备份与还原数据,以确保数据安全。培养通过数据分析获得决策依据的意识和能力。

（三）教学重点和难点

1. 重点

掌握常用的数据分析方法，如对比分析法、分组分析法等，并能运用恰当的数据分析工具对天气数据进行分析、呈现和解释，实现数据可视化。

能够进行数据的采集、管理与备份，包括利用网络爬虫技术、搜索引擎采集数据，使用数据库管理系统建立关系数据库并管理数据。认识数据备份的重要性，并能进行备份与还原操作。

2. 难点

能够从大量的天气数据中挖掘内在规律和变化趋势。能够将数据分析结果与煤炭燃烧、空气污染等现实问题建立联系，深入分析煤炭燃烧对当地城市天气数据变化的影响机制。

能够撰写天气数据的分析报告。根据数据分析结果制定切实可行的减少煤炭燃烧计划方案，将其转化为日常生活中的行动建议。

（四）教学准备

在线教学平台和教学课件、项目导学单、项目清单、Python教程集、子项目研究过程记录报告。

（五）项目活动

本项目主要由六个环节组成，整个过程分为三个阶段：项目主题的提出与确定、项目实施、项目活动总结。课时安排如表2-1-2所示。

表2-1-2　数据分析项目课时安排

课时	学习内容
1	项目准备
1	子项目一：选择工具和分析方法
2	子项目二：分析数据
1	子项目三：汇总与表达
1	项目活动总结

1. 情境引入

我们都希望生活在健康、安全、舒适、低碳、便捷的环境中，但实际生活中的环境不尽如人意，我们往往受到环境污染的困扰。对此，我们能否运用所学知识分析生活中遇到的环境问题,从而为改善环境贡献一份力量?

设计意图:本环节旨在激发学生兴趣,引导学生发现生活中的问题。

2. 项目主题的提出与确定

本项目通过采集并处理某地区一段时间内的天气数据(包括空气质量指数),然后对这些数据进行分析,从大量看似杂乱无章的天气数据中发现内在规律和变化趋势,从而挖掘数据背后的现象和一些有价值的事实依据。

学生可以围绕本项目主题提出研究课题(如"煤炭燃烧对当地城市天气数据变化的影响"等),学习数据分析和数据可视化编程,体验项目流程。

3. 项目实施

项目实施前的准备阶段任务主要包括:组建学习小组、采集数据、回顾Python编程知识、学习使用数据库系统建立关系数据库并管理数据。项目实施的过程可分为三个子项目,分别是选择工具和分析方法、分析数据、汇总与表达。具体过程如表2-1-3所示。

表2-1-3 数据分析项目实施

	子项目一——选择工具和分析方法
子项目活动	1.打开名为"地区天气数据"的文件,选择并完成以下任意一项分析任务。 (1)采用对比分析法,分析两年来同一季度的空气质量变化情况。 (2)采用分组分析法,将空气质量指数按程度分组,分析不同组内的空气质量指数与城市的相关性。 (3)对几座城市同一月份的空气质量指数进行排序。 2.填写常用数据分析方法总结表(表2-1-5),总结不同数据分析方法的适用场景(结合实例进行说明)。
子项目评价	1.对于选择数据分析的方法,你有哪些收获?与用电子表格软件分析数据相比,编程分析数据有哪些优势? 2.通过对几座城市空气质量的分析,你获得了哪些有用信息?请通过演示文稿向其他同学展示。
	子项目二——分析数据
子项目活动	1.根据这些地区半年内的月平均气温数据,绘制折线图,并结合数据分析这半年各地气温的变化趋势。 2.根据各地区冬季空气质量等级的数据(优、良、轻度污染、中度污染、重度污染),绘制散点图。

(续表)

子项目评价	1. 与必修课程相比,你在数据可视化学习上获得了哪些进步?
	2. 在班上展示研究成果,并选择其中一张统计图表来分析数据。
子项目三——汇总与表达	
子项目活动	1. 小组研讨,拟定分析报告的框架,确定数据分析报告的形式。
	2. 汇总数据分析结果,基于数据分析深入挖掘空气污染背后的原因,最终制定减少煤炭燃烧的节能减排计划。
	3. 小组分工合作,共同撰写数据分析报告。
子项目评价	1. 与必修课程相比,你在撰写数据分析报告上获得了哪些进步?
	2. 在班级中展示研究成果。

4. 项目活动总结

教师组织各小组交流各自关于某地区天气数据的分析报告、减少煤炭燃烧的节能减排计划方案、生活节能减排倡议书,并进行项目评价、师生互评和小组互评。随后小组讨论反思项目过程,总结经验。

四、导学单

数据分析项目导学单

单元主题	数据分析		
学科/年级	信息技术/高二		
教材	人教版《高中信息技术 选择性必修3 数据管理与分析》	对应章/课时	第四章/6
学习目标			
1. 明确数据分析的意义,学会运用Python语言进行数据可视化编程。 2. 熟练掌握数据分析的主要方法和步骤。 3. 能结合数据形成自己的观点,敢于表达,通过数据发现问题本质。 4. 增强环保意识。			

评价任务

1. 能独立编程并分析数据。
2. 能根据实际问题选择合适的数据分析工具和可视化工具。
3. 通过小组合作完成完整的数据分析报告,制定减少煤炭燃烧的节能减排计划方案,并形成生活节能减排倡议书。

学习过程分课时设计

1. 课时1学习目标:
(1) 采集数据。
(2) 回顾Python编程知识。
(3) 使用数据库系统建立关系数据并管理数据。

2. 课时1学习任务:
(1) 组建学习小组,2—3人一组为宜。
(2) 利用网络爬虫技术、搜索引擎等工具采集某地区近几年的天气数据。
(3) 熟悉软件编程界面,自主学习常用编程语句。
(4) 使用数据库系统管理采集的天气数据。
(5) 填写表2-1-4。

表2-1-4　课时1研究过程记录

子项目名称			
日期		辅导教师	
实施流程			
小组成员	负责内容与完成情况		
成员1			
成员2			
成员3			
遇到的困难及解决方案			

3. 课时2学习目标:
了解常用的数据分析工具和方法,并能应用于真实的数据分析场景。

4. 课时2学习任务:
(1) 体验探索:了解数据分析带来的价值。
(2) 实践活动:安装并熟悉Python扩展库。
(3) 思考活动:总结应用对比分析法分析天气数据时的注意事项。
(4) 阅读拓展:了解对比分析法中的同比与环比。

(5) 填写表2-1-5。

表2-1-5　常用数据分析方法总结

方法	简介	应用场景
对比分析法		
分组分析法		
平均分析法		
相关分析法		
交叉分析法		
排行榜分析法		

5. 课时3学习目标：
(1) 了解数据可视化的基本流程，认识数据可视化的重要意义。
(2) 能够使用Python语言编写数据可视化的程序。
(3) 掌握数据可视化的常用方法，提高数据可视化操作能力。

6. 课时3学习任务：
(1) 体验探索：感受数据（尤其是大数据）可视化的应用价值。
(2) 实践活动：汇总数据统计图的类型及其特点。
(3) 思考活动：总结数据可视化的常见方法。
(4) 填写表2-1-6。

表2-1-6　课时3研究过程记录

子项目名称			
日期		辅导教师	
实施流程			
小组成员	负责内容与完成情况		
成员1			
成员2			
成员3			
遇到的困难及解决方案			

7. 课时4学习目标：
撰写数据分析报告。

8. 课时4学习任务：
(1) 实践活动：浏览现有的数据分析报告。

(2)思考活动:自主学习相关概念方法,挖掘数据背后隐藏的空气污染原因。
(3)实践活动:列出数据分析报告提纲。小组讨论分析报告形式,填写表2-1-7,提交完整报告。

表2-1-7 分析报告框架内容及分工

基本框架	内容概述	撰写人员

9.课时5学习目标:
能结合数据形成自己的观点,敢于表达,并通过数据分析发现问题本质。

10.课时5学习任务:
(1)汇报数据分析报告,每个小组汇报时间为10分钟。
(2)制定减少煤炭燃烧的节能减排计划方案,并将方案以倡议书形式发放。
(3)填写课时5学习任务自评表(表2-1-13),并进行总结反思。

11.课时6学习目标:
完成项目活动总结。

12.课时6学习任务:
对各小组提交的关于某地区天气数据的分析报告、减少煤炭燃烧的节能减排计划方案、生活节能减排倡议书进行项目评价、小组评价和自评。小组讨论,反思项目过程,总结经验。

作业与检测

1.完成以下练习。
(1)与文字、数据表格相比,结合实际案例简要阐述用几何图形展示数据的优势。
(2)总结不同类型统计图的特点和应用场景。
(3)简述数据可视化的一般步骤。
(4)查阅相关资料,举例说明绘制数据统计图的常用Python语句。
(5)Python中有哪些适合数据分析的扩展库?
(6)简述数据分析的步骤。
(7)描述数据分析报告的基本框架和撰写原则。
(8)尝试使用电子表格处理软件的数据透视表呈现数据。
2.完成单元学习内容掌握自评表(表2-1-14)。

学后反思
回答以下问题,对自己的学习情况进行总结与反思。 (1) 在本章的项目化学习中,你在小组合作方面有什么体会? (2) 在数据分析时,你是否能熟练编程绘制统计图表? (3) 关于数据管理与分析这门课程,你是否对它有了更深刻的认识?

五、项目实施过程性评价量表汇总

(1) 为了全面多维度地评估学生在本项目中的表现,促进学生核心素养的发展,特设计核心素养目标维度评价表,如表2-1-8所示。通过信息意识、计算思维、数字化学习与创新、信息社会责任以及小组协作评价交流等维度,清晰地了解学生在项目化学习过程中的成长与不足,为教学反馈和学生改进提供依据。

表2-1-8 核心素养目标维度评价表

课题名称		数据分析	小组成员		总分	
评价指标		具体指标			权重	得分
过程性评价	信息意识	能够根据解决问题的需要,自觉主动地寻求恰当的方式获取并处理信息。在小组合作解决问题的过程中,积极与团队成员共享信息,实现信息的最大价值。			10(优)	
		基本能够根据解决问题的需要,主动寻求恰当的方式获取并处理信息。在小组合作解决问题的过程中,愿意与团队成员共享信息,实现信息的最大价值。			8(良)	
		能够根据解决问题的需要,寻求恰当的方式获取并处理信息。在小组合作解决问题的过程中,能够与团队成员共享信息,实现信息的最大价值。			6(一般)	
		不能解决问题,获取与处理信息的方式不当。在小组合作解决问题的过程中,不愿与团队成员共享信息。			4(继续努力)	
	计算思维	能熟练采用适当的方法提取数据。正确选用数据分析方法与工具,分析并解释数据。能利用软件工具或平台对数据进行整理、组织、计算与呈现,并掌握至少一种程序设计语言,编写程序解决问题。			10(优)	

(续表)

评价指标	具体指标	权重	得分
	基本能采用适当的方法提取数据。能选择合适的数据分析方法与工具,分析并解释数据。能利用软件工具或平台对数据进行整理、组织、计算与呈现,并掌握一种程序设计语言,编写程序以解决问题。	8(良)	
	能采用部分数据分析方法提取数据。能选择适当的数据分析方法与工具,分析并解释数据。能利用软件工具或平台对数据进行整理、组织、计算与呈现。	6(一般)	
	不会用适当的方法提取数据。无法自主选用数据分析方法与工具,分析并解释数据。不能利用软件工具或平台对数据进行整理、组织、计算与呈现。	4(继续努力)	
数字化学习与创新	充分利用数字化资源和工具阐述观点和展示作品。	10(优)	
	基本能利用数字化资源和工具阐述观点和展示作品。	8(良)	
	经教师指导后能利用数字化资源和工具阐述观点和展示作品。	6(一般)	
	无法利用数字化资源和工具阐述观点和展示作品。	4(继续努力)	
信息社会责任	能通过数据分析和数据可视化工具独立解决问题并做出科学决策。	10(优)	
	能通过数据分析和数据可视化工具基本独立解决问题并做出科学决策。	8(良)	
	在借助他人的帮助下能通过数据分析和数据可视化工具解决问题。	6(一般)	
	不能通过数据分析和数据可视化工具解决问题。	4(继续努力)	
小组协作评价交流	小组分工明确、合作默契,积极参与小组自评、互评。	10(优)	
	与同学合作默契,参与小组自评、互评。	8(良)	
	能与同学合作,小组互评、互评不积极。	6(一般)	
	不参与小组合作、自评、互评。	4(继续努力)	

(2)用于教师自检的过程性评价量表,可以帮助教师提高对整个项目实验的认识,了解项目的进度与实施成效,由此设计出项目教学设计活动检验量表(表2-1-9)。

表2-1-9　项目教学设计活动检验量表

评价维度	评价内容	好	中	继续努力
项目内容	选择了真实或接近真实情境的合适的项目。			
	与课程教材目标紧密联系,知识点契合。			
	包含或接近学生的已有经验。			
项目属性	项目活动呈现方式有效表达任务情境,有助于学生对知识点的理解。			
	有适合学生的可用资源或加工后可用的资源。			
	活动过程应以提升学生信息素养为目标。			
	有恰当的评价策略。			
活动实现	能提高学生的思维水平,对学生解决实际问题的能力有促进作用。			
	能适应多种学习方式和教学策略。			

(3)在整个项目化学习过程中,教师和学生始终保持持续的互动。该过程既包含教师帮助学生回顾课堂内容,梳理数据分析的步骤与方法;也包含学生以小组为单位发现身边的数据问题并反馈给教师,促进教师进行判断、思考、归纳,从而组织学生开展深入探讨,帮助学生进一步认识数据,实现知识的迁移。由此设计师生互评量表(表2-1-10)。

表2-1-10　师生互评量表

评价内容	优秀	良好	继续努力	得分
项目引入	教师在项目情境导入时能唤起学生学习兴趣;学生小组研讨后,能独立提炼项目主题。	教师有项目引入,学生能在教师的指导下确定项目主题。	教师给出主题,学生被动确定主题。	

（续表）

评价内容	优秀	良好	继续努力	得分
项目分析	教师能合理恰当地引导学生进行项目分析；学生能明确问题的界定和需求，组内分工明确。	教师能恰当地引导学生进行项目分析，学生能基本理解问题的界定和需求。	教师对项目的分析不清晰导致学生理解困难，学生不理解问题的界定和需求。	
项目设计活动与项目实现	教师针对每个活动都设置明确的任务与小组评价，有助于学生对知识点的理解；学生规范开展项目实施，效率高。	教师能保证每个活动都有基本明确的任务，学生基本能规范开展项目实施。	教师任务分配不清晰，学生在项目实施过程中频发错误。	
学习小组协作	教师高效指导分组合作；所有学生积极参与小组活动，出谋划策，共同承担任务。	教师完成小组分工；学生中多数成员积极参与，但活动的过程基本由几个成员承担。	教师无指导小组分工动作；小组各成员之间没有合作配合，个人的项目实现也不理想。	

（4）学生可以通过分析他人解决问题方法的优缺点完善自己的思维模式。学生互评环节不仅可以帮助学生相互发现问题，还能促进学生实现自主学习，激发学生的主观能动性。由此设计学生小组内互评量表（表2-1-11）。

表2-1-11 学生小组内互评量表

评价内容	成员1	成员2	成员3	成员4
他在小组活动中表现积极，能够很好地参与到任务中。				
他总是能按时、按要求完成活动任务，并积极鼓励他人。				
他能提出一些活动建议，并对完成活动任务有帮助。				
他积极鼓励或督促组员参与小组合作。				
总体上，我对他很满意。				

等级评定：A代表优秀、B代表良好、C代表一般、D代表继续努力。

(5) 通过回顾整个项目活动的过程，学生能够对自己在活动中的表现进行评价和反思，由此设计学生自评量表(表2-1-12)。

表2-1-12　学生自评量表

评价内容	优秀	良好	继续努力	自评语（提升措施）
我能够理解任务并积极参与任务。				
我能够在小组合作中与他人认真沟通，并提出对项目有用的建议。				
我能够活跃小组学习氛围，以身作则鼓励他人学习，面对难题不气馁。				
小组成员都对我表示认可。				

(6) 课时5学习任务自评表(表2-1-13)采用学生自评的方式，为学生提供自主反思的机会，激发其学习主动性和自我管理意识。学生根据自身对项目的理解和成果完成情况进行评价，从而深入了解自身的学习过程和成果质量。

表2-1-13　课时5学习任务自评表

评价内容	评价结果
我在最终的报告中是否回答了教师一开始提出的驱动性问题？	
我在最终的成果中是否给出内容要点？	
我的最终成果是否足够清晰到能够让人理解？	
我的最终成果是否代表了这段时间我在这个项目上形成的核心观点？	

(7) 为了让学生清晰认识自身对单元学习内容的掌握情况，并为学生提供反思学习过程的契机，单元学习内容掌握自评表(表2-1-14)涵盖了本单元的主要知识点，全面考查学生对单元知识的整体掌握情况。表2-1-14将学习掌握程度分为三个层次。"不了解"(或"不会")表示学生对该内容缺乏认知；"了解"(或"会")意味着学生知晓相关概念或操作，但可能尚未深入理解；"理解"(或"熟练")表明学生不仅熟悉内容，还能灵活运用。这种分层方式简单明了，便于学生准确进行自我定位。

表 2-1-14 单元学习内容掌握自评表

学习内容	掌握程度		
数据分析的意义	□ 不了解	□ 了解	□ 理解
数据分析的主要步骤	□ 不了解	□ 了解	□ 理解
数据分析的主要方法	□ 不了解	□ 了解	□ 理解
简单的Python数据可视化程序的编写	□ 不会	□ 会	□ 熟练
数据可视化的意义	□ 不了解	□ 了解	□ 理解
数据挖掘的概念	□ 不了解	□ 了解	□ 理解
撰写数据分析报告的原则	□ 不了解	□ 了解	□ 理解
一些常用的数据分析工具	□ 不了解	□ 了解	□ 理解
能结合数据形成自己的观点,敢于表达	□ 不熟练	□ 会	□ 熟练

案例2 编程控灯利出行

一、项目说明

本案例选自人教版普通高中信息技术必修1第二章《算法与程序实现》。算法与程序设计渗透到我们生活的各个方面。计算机与移动终端已成为生活中不可或缺的工具,它们之所以能够帮助人们处理各种复杂的事情,主要依赖功能各异的应用程序。在本章学习中,学生将通过编程的方式实现用算法解决问题,发展计算思维。通过"编程控灯利出行"项目的实施,学生学习利用计算思维解决问题的方法与策略。本案例涉及的核心知识点包括:用计算机解决问题的过程、算法的概念与特征、描述算法的方法、算法的基本控制结构、数据类型、常量、变量及其表达式、程序语句与结构、解析算法和枚举算法。

本案例梳理了项目活动,编制了导学单,汇总项目实施过程性评价量表等。

二、"非常1+7"模式分析

(一)"非常1"——知识与技能

本案例主要培养学生的计算思维和创造性解决真实问题的能力。

1. 知识

算法的基础知识、Python语言的基础知识、数据的采集和汇总方法。

2. 技能

实地调查、小组合作分工、沟通交流,以及Python语言编程能力。

(二)"3导向"和"4促进"

详见表2-2-1。

表2-2-1　编程控灯利出行项目"3导向"和"4促进"

项目流程	"3导向"和"4促进"	具体策略呈现
确定项目	真实情境促进	智能交通不断影响人们的生活,给人们的生活带来前所未有的便利。
	驱动问题导向	作为智能交通的一种重要设施,自助式人行过街红绿灯的控制逻辑和功能是如何通过编程实现的?
制订计划	探索支架导向	Python安装指南、本地道路通行状况、调查法的相关知识、项目实施的程序参考。
	尊重自主促进	由学生自由组队,展开研究。
活动探究	探索支架导向	提供小组任务分配模板、Python程序中的sinomaps模块功能文档、流程图绘制模板等支架。
	评价规则导向	课堂观察。观察学生在学习投入度、问题解决能力、合作学习能力、自主学习能力等方面的表现情况。
	反思引导促进	指导学生完成数据采集、调查、团队合作及程序安装与编写等。
作品制作	产品生成促进	设计并实现"自助式人行过街红绿灯"程序(包括算法流程图、程序初始版本、程序优化版本)。
成果交流	评价规则导向	项目评价表(表2-2-11)、知识点掌握情况评价表(表2-2-12)、子任务学习过程评价量表(表2-2-13、表2-2-14、表2-2-15、表2-2-16和表2-2-17)。
	反思引导促进	引导学生积极反思,深入思考,梳理经验并总结提升。

三、项目活动设计

（一）学习者特征

1. 一般特征

高一学生基本处于形式运算阶段。在这一阶段，学生的认知趋于成熟，逐步从具体经验思维向抽象符号思维转变，能够理解并使用相互关联的抽象概念。此外，高中学生对新知识有独立看法，并具有一定的创新精神，能够在项目化学习中自主建构知识以获得新知识。

2. 初始能力

高一学生对算法与程序已有一定了解。他们在小学和初中阶段接触过一些简单程序的编写，但对这部分知识的掌握和应用能力还不够系统全面。此外，他们对Python语言相对陌生。

3. 信息素养

高一学生已经具备熟练运用各类电子设备进行数据采集和加工的能力，能够支撑其完成项目准备等任务。此外，学生普遍对信息技术课程表现出浓厚兴趣，并对程序实现有强烈的探索欲。

（二）学科核心素养

1. 信息意识

能梳理项目实施所需的信息，包括交通规则、信号灯控制原理、Python编程知识等。面对海量信息，可依据项目目标与需求，评估信息的准确性、可靠性与适用性。筛选符合项目实际、能助力解决问题的有效信息，摒弃无用或错误信息，确保项目方向正确。

2. 计算思维

在实施"自助式人行过街红绿灯"项目的过程中，能设计多种算法，并运用Python语言将算法转化为可执行程序。依据程序结构与逻辑，准确编写各类语句以实现功能。

3. 数字化学习与创新

在互联网环境中，能筛选优质学习资源，拓宽知识获取渠道，加深对编程知识与技术的理解。以小组合作形式开展项目，在子任务实施过程中，成员能自主探索问题解决方案。

4. 信息社会责任

在编写"自助式人行过街红绿灯"程序时,思考程序应用可能引发的伦理与安全问题。确保程序设计符合交通规则与安全标准,防止因程序漏洞导致交通混乱或安全事故。强化安全与责任意识,认识智能交通系统对社会、环境的深远影响。

(三)教学重点和难点

1. 重点

初步掌握算法的概念与特征,能够正确使用流程图和恰当的控制结构描述简单算法。

了解 Python 语言的基本知识(如数据类型、常量、变量及其表达式,程序语句与结构),能使用 Python 语言实现简单算法。

2. 难点

能根据实际问题抽象出算法解决问题的一般过程。关注算法效率,设计出恰当的问题求解算法。能用结构化程序实现算法,编写出正确的 Python 程序语句,创造性地解决真实问题。

(四)教学准备

教师可为学生提供的学习材料包括网络资源、导学单等学习信息资源,以及 Python 语言环境、适配的操作系统等学习软件。

(五)项目活动

为完成该项目,可设置四个子任务,课时安排如表 2-2-2 所示。

表 2-2-2 编程控灯利出行项目课时安排

课时	学习内容
1	子任务一:确定项目问题的解决方案
1	子任务二:描述"自助式人行过街红绿灯"的算法设计
1	子任务三:编程实现"自助式人行过街红绿灯"
2	子任务四:优化"自助式人行过街红绿灯"程序的功能

1. 准备阶段

详见表2-2-3。

表2-2-3 编程控灯利出行项目准备

活动环节	教师活动	学生活动	教学媒体（资源）	设计意图
情景引入	播放视频，引导学生思考。	1. 观看视频：2017年10月，杭州中心路段开展救护车施救演练。全程近7千米，"城市大脑"的"交通模块"批准救护车优先通行，比常规省时近900秒。截至2018年初，"城市大脑"接管市区主要路口信号灯，凭借数据优化配时，让车辆通行速度提升近15%，有力保障了路面通行效率与紧急救援任务。 2. 思考：算法与程序设计在该情境中起到了什么作用？	杭州"城市大脑"相关的新闻视频。	通过展示杭州"城市大脑"智能交通系统为生活带来的便利，引导学生对算法和程序产生兴趣。
项目准备	提供分析工具、研究方法指导，如提供Python语言环境搭建手册等。	1. 寻找两名同伴组成学习小组。 2. 调查学校或居住地周边道路的通行状况，汇总问题，为开发项目程序做好资源准备。 3. 搭建Python语言环境。 4. 根据任务要求，完成小组分工。	Python语言环境搭建手册。	帮助学生为项目实施做好准备。

2. 子任务一：确定项目问题的解决方案

详见表2-2-4。

表2-2-4 子任务一项目实施

活动环节	教师活动	学生活动	教学媒体（资源）	设计意图
思考活动（2分钟）	引出交通指挥问题，引导学生思考和总结。	阅读教材并进行思考和总结：描述交通警察为保证道路畅通所做的交通疏导的一般过程和方法。	PPT展示：教材第40页的思考活动。	通过思考交通指挥问题，引导学生总结解决问题的主要步骤，为后续抽象为用计算机解决问题奠定基础。
思考活动（5分钟）	展示用计算机程序控制交通信号灯的改变。	1. 阅读教材并思考用计算机编程解决问题的过程，分析其与一般问题解决过程的异同。2. 小组讨论形成结论。3. 向班级分享小组讨论结论。	PPT展示：教材第41页的思考活动。	通过对比分析，学生更容易理解使用计算机解决问题的步骤。
项目实施（25分钟）	引导学生小组合作，确定项目问题的解决方案。	小组合作，分工配合完成：1. 查阅资料，了解交通信号灯配置的相关知识，确定项目问题求解模型并进行表示。2. 绘制"自助式人行过街红绿灯"功能分解图，制定解决问题的方案。	PPT展示项目要求：教材第45页。	教师创设情境，提供知识和技术支持，引导学生自主完成学习任务。
展示与交流（8分钟）	选择两个小组进行展示与交流。	展示与交流方案。	通过随机小程序抽取展示小组。	通过小组展示交流，教师能跟踪学生学习效果。
练习提升	布置课后练习。	根据自身情况，课后自主完成练习提升。	PPT展示：教材第46页的练习提升。	帮助学生巩固学习效果。

3. 子任务二:描述"自助式人行过街红绿灯"的算法设计

详见表2-2-5。

表2-2-5 子任务二项目实施

活动环节	教师活动	学生活动	教学媒体(资源)	设计意图
体验探索 (2分钟)	引导学生规划乘车路线。	阅读教材并思考: 1. 换乘次数最少的路线。 2. 耗时最短的路线。	PPT展示:教材第47页的体验探索。	通过思考规划乘车路线问题,学生对算法有了初步认识,并能对学习算法产生兴趣。
思考活动 (8分钟)	引导学生描述"倒计时15秒后,红灯变绿灯"的算法。	1. 阅读教材并思考:如何描述算法? 2. 小组讨论形成结论。 3. 小组向全班同学分享结论。	PPT展示:教材第49页的思考活动。	通过阅读教材及思考,学生能初步理解简单算法的描述方法和控制结构。
项目实施 (25分钟)	描述项目问题的完整算法设计要求。	小组合作完成算法设计,并绘制流程图。	PPT展示项目要求:教材第53页。	教师提供知识和技术支持,引导学生自主完成任务。
展示与交流 (8分钟)	选择正确完成流程图的一组学生进行展示与交流。	展示与交流。		通过小组展示交流,教师能跟踪学生学习效果。
练习提升	布置课后练习。	根据自身情况,课后自主完成练习。	PPT展示:教材第54页的练习提升。	帮助学生巩固学习效果。

4. 子任务三:编程实现"自助式人行过街红绿灯"

详见表2-2-6。

表2-2-6 子任务三项目实施

活动环节	教师活动	学生活动	教学媒体(资源)	设计意图
自主学习 (5分钟)	引导学生阅读教材,开展自主学习。	阅读教材第55—59页。		引导学生自学,初步认识数据类型,常量、变量及其表达式。

(续表)

活动环节	教师活动	学生活动	教学媒体(资源)	设计意图
实践活动 (5分钟)	引导学生分析情境,编程计算体重指数。	1. 阅读教材,理解情境,分析问题,用流程图描述算法,并编程实现。 2. 思考能否调整这些语句的书写顺序,并说明理由。 3. 小组讨论形成结论。	PPT展示:教材第60页的实践活动。	教师引导学生学习编程语句与程序结构,帮助他们掌握顺序结构。
实践活动 (8分钟)	在情境中补充需要评定体重指数等级的要求。	1. 理解情境,描述算法,并编程实现。 2. 思考如何进一步完善,需要考虑哪些需求,并用流程图进行描述。 3. 小组讨论形成结论。	PPT展示:教材第63页实践活动。	引导学生初步掌握分支结构。
实践活动 (12分钟)	引导学生编写完整的"体重指数计算器"程序。	1. 思考该算法的循环结构的要素,用流程图描述算法,并编程实现。 2. 小组讨论形成结论。	PPT展示项目要求:教材第67页的实践活动。	引导学生初步掌握循环结构。
展示与交流 (10分钟)	选择两个遇到典型问题的小组进行展示与交流。	展示与交流程序。		通过小组展示交流,教师能跟踪学生学习效果。

5. 子任务四：优化"自助式人行过街红绿灯"程序的功能

详见表2-2-7。

表2-2-7 子任务四项目实施

活动环节	教师活动	学生活动	教学媒体(资源)	设计意图
项目实施 (30分钟)	引导学生进行小组合作，运用上节课所学的循环结构程序，完成"自助式人行过街红绿灯"程序。	小组合作，分工配合，完成"自助式人行过街红绿灯"问题的编程实现方案。	PPT展示项目要求：教材第68页。	教师创设情境，提供知识和技术支持，引导学生自主学习并完成任务。
展示与交流 (10分钟)	选择两个小组进行展示与交流。	展示与交流。	通过随机小程序抽取展示小组。	通过小组展示、评价和交流，教师可以有效跟踪学生的学习效果。
练习提升	布置课后练习。	根据自身情况，自主完成练习。	PPT展示：教材第69页的练习提升。	帮助学生巩固学习效果。
自主学习 (10分钟)	引导学生阅读教材，开展自主学习。	阅读教材第70—80页并思考。		引导学生自学，初步认识解析算法和枚举算法。
项目实施 (20分钟)	引导学生发现问题，优化"自助式人行过街红绿灯"的程序功能。	小组合作，查阅资料，科学设计和完善交通智能化管理方案，并优化程序。	PPT展示项目要求：教材第81页。	教师创设情境，提供知识和技术支持，引导学生自主完成学习任务。
展示与交流 (10分钟)	选择两个小组进行展示与交流。	展示与交流。	通过随机小程序抽取展示小组。	通过小组展示交流，教师可以跟踪学生的学习效果。
练习提升	布置课后练习。	根据自身情况，自主完成练习。	PPT展示：教材第81页的练习提升。	帮助学生巩固学习效果。

6. 总结阶段

详见表2-2-8。

表2-2-8　编程控灯利出行项目总结

活动环节	教师活动	学生活动	教学媒体(资源)	设计意图
成果交流	邀请小组汇报分享。	汇报分享,交流经验。		教师组织交流活动。
活动评价	引导学生进行自评和互评,并总结经验。	完成自评、组内互评、组间互评。	1.项目评价表:表2-2-11。 2.知识点掌握情况评价表:表2-2-12。 3.子任务学习过程评价量表:表2-2-13、表2-2-14、表2-2-15、表2-2-16和表2-2-17。	教师组织评价活动并总结。

四、导学单

编程控灯利出行项目导学单

项目名称	编程控灯利出行			
学科	信息技术	学段	高一	学时	5课时
项目介绍				
智能交通利用先进的信息技术手段,对交通系统进行综合管理,为公众提供智能、便捷的交通出行服务。交通信号灯作为交通控制、疏导的重要工具,是智能交通研究的重要内容。本项目以"编程控灯利出行"为主题,探讨智能交通系统中交通信号灯的控制策略和编程实现方式。				
项目目标				
1.初步掌握算法的概念与特征,能够正确使用流程图和恰当的控制结构描述简单算法。 2.了解Python语言的基本知识(如数据类型、常量、变量及其表达式,程序语句与结构),能够使用Python语言实现简单的算法。				

3. 小组合作,使用Python语言实现"自助式人行过街红绿灯"程序,体验程序设计的基本流程,感受算法效率,初步掌握程序调试与运行的方法。

4. 通过本项目的学习,学生能感受到智能信息处理的巨大进步和潜力,体会人工智能在信息社会中的重要作用。

小组分工及时间规划表		
小组成员	分工内容	时间安排

项目准备

1. 调查学校或居住地周边道路的通行状况,汇总问题,为开发项目程序做好前期准备。
2. 搭建Python语言环境。

项目过程

1. 设计方案:完成项目需求分析,设计解决问题的方案,参考教材第45页。

2. 描述算法:设计求解项目问题的算法,并用流程图描述,参考教材第53页。

3. 编写程序:根据算法编写程序,实现"自助式人行过街红绿灯"的功能,参考教材第68页。

4. 调试运行:调试运行项目程序,结合实际需求优化功能,参考教材第81页。

项目总结

学生完成"自助式人行过街红绿灯"项目,并进行展示、交流与评价。掌握编程解决问题的基本方法,理解程序设计中的算法思想,并能迁移应用到解决其他问题中,发展计算思维。

项目评价

在完成项目活动后,请各组对项目完成情况进行评价。评价工作应围绕项目主题、实施过程、分工合作、项目成果和展示交流五个方面展开。根据项目评价中的评分参考,结合项目实际完成情况,确定各项评分结果,并给出评分理由。同时,对项目活动进行全面梳理,指出需要进一步改进的地方。将评价内容如实填写到项目评价表中(表2-2-11)。

学习建议

1. 小组分工完成任务,并填写小组分工及时间规划表。
2. 合理规划时间,做好学习计划。
3. 及时保存完成的任务。
4. 遇到问题及时与同学或教师交流。

第二章 项目化学习的"非常1+7"模式

学习资源
1. 教材第37—82页和第152页。 2. 编程控灯利出行项目导学单。 3. 第1课时—第5课时导学单。

第1课时导学单

子任务	确定项目问题的解决方案	学时	1课时
小组成员			
核心内容			
用计算机解决问题的过程。			
学习目标			
1. 经历用计算机解决问题的基本过程,并能应用于解决实际问题。 2. 体验通过编程解决问题的基本方法,提升学习算法与程序的兴趣,培养计算思维。			
学习流程			

	学习活动	建议用时
思考活动1	1. 描述交通警察为保证道路畅通所做的交通疏导的一般过程和方法。 2. 将图2-2-1补充完整。 □→□→□ 图2-2-1 解决问题的主要过程	2分钟
思考活动2	1. 观察用计算机程序控制交通信号灯的变化过程,结合交通警察指挥交通的过程,分析计算机编程解决问题的过程,思考两者的不同。 2. 将图2-2-2补充完整。 □→□→□→□→□ 图2-2-2 用计算机解决问题的一般过程 3. 运行红绿灯转换的程序示例,根据功能分解,分析程序代码,并思考如何修改红灯持续显示时长。	5分钟

项目实施	1. 查阅资料，了解交通信号灯配置的相关知识，确定项目问题求解模型并进行表示。 2. 绘制"自助式人行过街红绿灯"功能分解图，并制定解决问题的方案。	25分钟
展示与交流	教师使用随机小程序抽取两个小组进行展示与交流。	8分钟
练习提升	自主完成练习提升1。	

小组分工及时间规划表		
小组成员	分工内容	时间安排

学习评价

1. 根据自己的掌握情况填写知识点掌握情况评价表（表2-2-12）的第一行。
2. 根据实际情况填写子任务学习过程评价量表1（表2-2-13）。

学习资源清单

1. 教材第38—46页。
2. 第1课时导学单。
3. 道路通行状况汇总样表。
4. Python安装包及安装指南。
5. 本地道路通行状况参考资料。
6. 调查法的相关知识。

第2课时导学单

子任务	描述"自助式人行过街红绿灯"的算法设计	学时	1课时
小组成员			

核心内容

1. 算法的概念与特征。
2. 描述算法的方法。
3. 算法的基本控制结构。

学习目标
1. 描述算法的特征,理解算法在解决问题中的作用。 2. 选用恰当的描述方法和控制结构表示简单算法,增强用算法解决问题的意识。

学习流程		
学习活动		建议用时
体验探索	1.阅读教材,并思考如何规划不同目标的乘车路线。 (1) 换乘次数最少的路线。 (2) 耗时最短的路线。 2.说明理由。	2分钟
思考活动1	1.阅读教材并思考如何描述"倒计时15秒"的算法。 2.小组讨论并形成结论。 3.小组向全班同学分享讨论的结论。	4分钟
思考活动2	在教师讲授后,思考并完成以下任务。 1.列举常用的描述算法的方法。 2.列举算法的三种基本控制结构。 3.列举流程图常用符号及其功能。	4分钟
项目实施	小组合作,分工配合,在完成"自助式人行过街红绿灯"项目的问题分析和功能分解后,对各功能进行算法设计,并用流程图进行描述。	25分钟
展示与交流	教师指定完成较好的一组学生进行展示与交流。	5分钟
练习提升	自主完成练习提升2,画出流程图。	

小组分工及时间规划表		
小组成员	分工内容	时间安排

学习评价
1. 根据自己的掌握情况填写知识点掌握情况评价表(表2-2-12)的第二行至第四行。 2. 根据实际情况填写子任务学习过程评价量表2(表2-2-14)。

学习资源清单

1. 教材第47—54页。
2. 第2课时导学单。

第3课时导学单

子任务	编写"体重指数计算器"程序	学时	1课时
小组成员			

核心内容

Python语言的基本知识(如数据类型、常量、变量及其表达式,程序语句与算法结构)。

学习目标

1. 掌握Python语言的基础知识,体验通过编程解决问题的基本流程,感受计算机编程的魅力。
2. 编写顺序、分支和循环三种算法控制结构的程序,提高利用计算机解决问题的能力。

学习流程

	学习活动	建议用时
自学	自学教材第55—59页,初步了解Python语言中的数据类型、常量与变量表达式。	5分钟
实践活动1	1. 按以下步骤编程计算体重指数。 (1) 分析问题。 (2) 用流程图描述算法,并编程实现。 (3) 思考能否调整这些语句的书写顺序,并说明理由。 2. 小组讨论形成结论。	5分钟
实践活动2	1. 按以下步骤,编程实现评定体重指数等级。 (1) 分析问题,写出数学表达式。 (2) 用流程图描述算法,并编程实现。 (3) 思考若要继续完善,需要考虑哪些需求,并用流程图描述。 2. 小组讨论形成结论。	8分钟
实践活动3	1. 编写完整的"体重指数计算器"程序。 2. 小组讨论形成结论。	12分钟
展示交流	教师选择两个遇到典型问题的小组,进行展示与交流。	10分钟

小组分工及时间规划表

小组成员	分工内容	时间安排

学习评价

1. 根据自己的掌握情况填写知识点掌握情况评价表(表2-2-12)的第五行至第七行。
2. 根据实际情况填写子任务学习过程评价量表3(表2-2-15)。

学习资源清单

1. 教材第55—69页。
2. 第3课时导学单。

第4课时导学单

子任务	编程实现"自助式人行过街红绿灯"	学时	1课时
小组成员			

核心内容

Python语言的基础知识(如数据类型、常量、变量及其表达式,程序语句与结构)。

学习目标

1. 掌握Python语言的基础知识,体验通过编程解决问题的基本流程,感受计算机编程的魅力。
2. 编写顺序、分支和循环三种算法控制结构的程序,提升利用计算机解决问题的能力。

学习流程

学习活动		建议用时
项目实施	小组分工,编写程序模拟实现"自助式人行过街红绿灯"的基本功能。 (1)思考:行人甲和行人乙先后按下"按钮"请求过马路时,程序应如何响应?如何编程实现? (2)思考:"按钮"被按下后,信号灯的状态变化及对应的倒计时显示等效果可以用哪些控制语句实现?	30分钟

	（3）用包管理工具pip安装sinomaps模块，导入到项目程序中，参考本导学单最后附的"sinomaps模块中函数和属性功能说明表"，编程实现"自助式人行过街红绿灯"。	
展示与交流	教师用随机小程序抽取两个小组进行展示与交流。	10分钟
练习提升	自主完成练习提升4,完成程序编写并保存程序。	

小组分工及时间规划表

小组成员	分工内容	时间安排

学习评价

根据实际情况填写子任务学习过程评价量表4(表2-2-16)。

学习资源清单

1. 教材第55—69页。
2. 第4课时导学单。
3. 项目实施程序参考。

附：sinomaps模块中函数与属性功能说明(表2-2-9)

表2-2-9　sinomaps模块中相关函数与属性功能说明

函数与属性		自定义模块RGLIGH中具体应用举例	功能说明
函数		draw_lights (stopColors)	绘制红绿灯,参数是一个包含多种颜色的列表。
		draw_button( )	绘制控制按钮。
		write_seconds (second, color)	绘制秒数,参数1是数字,参数2是数字的颜色。
		clear_seconds( )	清除秒数。
		waiting( )	保持程序运行。
属性		buttonEnabled	按钮是否允许点击。
		state	红绿灯当前状态,可选状态见表2-2-10。

表2-2-10 信号灯状态说明

属性	说明
Stop	禁止通行。
ButtonClicked	按钮被点击。
Wait	等待通行。
Go	允许通行。
Warn	即将禁止通行。

第5课时导学单

子任务	优化"自助式人行过街红绿灯"程序的功能	学时	1课时
小组成员			
核心内容			
解析算法和枚举算法。			
学习目标			
1. 理解解析算法和枚举算法,根据需要选用合适的算法,编程求解简单问题。 2. 认识在问题解决过程中,不同算法的效率存在差异。 3. 完成项目程序的调试与运行。			
学习流程			
学习活动			建议用时
自学	1. 阅读教材,思考以下问题。 (1) 写出求解绿灯最短时长的计算公式。 (2) 尝试写出设置绿灯时长的计算模型。 2. 小组讨论形成结论。		10分钟
项目实施	1. 收集周边道路通行状况(如道路宽度、高峰时段、人流量和车流量等信息),思考影响这些路口红绿灯合理配时方案的因素。 2. 设计控制十字路口红绿灯时长变化的合理方案。 3. 小组合作,分工配合,优化"自助式人行过街红绿灯"程序的功能,并调试运行程序。		20分钟

展示与交流	教师用随机小程序抽取小组进行展示与交流。	10分钟
练习提升	自主完成练习提升，保存程序。	

小组分工及时间规划表		
小组成员	分工内容	时间安排

学习评价
1.根据自己的掌握情况填写知识点掌握情况评价表（表2-2-12）的第八行和第九行。 2.根据实际情况填写子任务学习过程评价量表5（表2-2-17）。

学习资源清单
1.教材第70—82页。 2.第5课时导学单。

五、项目实施过程性评价量表汇总

（1）项目评价表（表2-2-11）通过多个维度的评价，清晰呈现项目在各关键方面的执行情况和完成质量，帮助教师、学生全面了解项目成果的整体水平，明确项目成果的优势与不足。

表2-2-11 项目评价表

评价项	评价参考	评分（1—5分）	评分理由	待改进之处
项目主题	项目主题能反映出学科核心素养的要求（信息意识、计算思维、数字化学习与创新、信息社会责任），同时主题任务与学习目标保持一致。			
实施过程	项目研究计划缜密，准备充分；实施过程完整，记录翔实，资料丰富；研究数据来源渠道多样，出处明确，收集方式多样，质量可靠；研究方法得当，技术手段适宜。			

(续表)

评价项	评价参考	评分(1—5分)	评分理由	待改进之处
分工合作	小组成员分工明确,态度积极,参与度高,善于提出问题、分析问题,解决问题能力强;踊跃分享观点,交流充分;能在完成自身任务的前提下,乐于帮助其他小组完成任务。			
项目成果	项目活动成果丰富,内容具体,符合项目目标要求;研究主题具有价值和创新性,具有指导及建设意义;项目报告或作品内容完整,论述充分,表述清晰,整齐美观。			
展示交流	项目展示形式新颖,综合运用多种技术手段呈现成果,表现力强;语言表达清晰准确,逻辑性强。			
项目总分				

(2)知识点掌握情况评价表(表2-2-12)围绕计算机编程与算法相关的多个知识点,设置"不了解""了解""理解"三个层级来评估学生对各知识点的掌握程度。教师借助该表能快速且精准地把握学生对每个知识点的学习进度和掌握水平,明确学生已熟练掌握的知识点,以及存在理解误区或完全陌生的知识点,从而为后续教学调整提供依据。学生通过填写此表,可对自身学习状况进行系统梳理与反思。这有助于学生自主调整学习策略,针对性地进行查漏补缺。

表2-2-12 知识点掌握情况评价表

学习内容	掌握程度		
用计算机解决问题的过程	□不了解	□了解	□理解
算法的概念与特征	□不了解	□了解	□理解
描述算法的方法	□不了解	□了解	□理解
算法的基本控制结构	□不了解	□了解	□理解

(续表)

学习内容	掌握程度		
数据类型	□ 不了解	□ 了解	□ 理解
常量、变量及其表达式	□ 不了解	□ 了解	□ 理解
程序语句与结构	□ 不了解	□ 了解	□ 理解
解析算法	□ 不了解	□ 了解	□ 理解
枚举算法	□ 不了解	□ 了解	□ 理解

(3) 子任务学习过程评价量表1(表2-2-13)从课堂表现和小组表现两个维度对学生进行评价,帮助教师全面了解学生在课堂和小组合作中的参与度与合作能力,督促学生积极融入课堂与团队,培养团队合作精神。

表2-2-13 子任务学习过程评价量表1

课题名称	算法与程序设计		姓名			总星数
			小组成员			
评价指标	评价内容	真棒 (★★★★)	不错哦 (★★★☆)	继续努力 (★★☆☆)	不要放弃 (★☆☆☆)	
课堂表现	课堂表现情况	积极参与课堂活动,很好地完成课堂任务。	较好地参与课堂活动,较好地完成课堂任务。	偶尔参与课堂活动,基本能完成课堂任务。	不参与课堂活动,无法完成课堂任务。	
小组表现	小组职责完成情况	积极完成组内分配的任务。	基本能完成组内分配的任务。	偶尔完成组内分配的任务。	不执行被分配到的任务。	
	组内分享合作情况	积极分享观点、资源,与组员合作十分默契。	经常分享观点、资源,有时会与组员合作。	偶尔分享观点、资源,较少与组员合作。	从不分享观点、资源,从不与组员合作。	

(4) 在表2-2-13的基础上,子任务学习过程评价量表2(表2-2-14)新增了对算法概念、特征及描述方法的评价。该部分依据学生对算法相关知识的掌握情况及描述算法能力的表现,评估学生对算法基础知识的掌握程度。同时结合课堂表现与小组表现,教师能精准把握学生的学习状况,从而调整教学侧重点。

第二章 项目化学习的"非常1+7"模式

表2-2-14 子任务学习过程评价量表2

课题名称	算法与程序设计		姓名			总星数
			小组成员			
评价指标	评价内容	真棒（★★★★）	不错哦（★★★☆）	继续努力（★★☆☆）	不要放弃（★☆☆☆）	
基本项	算法的概念、特征及描述方法	能准确说出算法的概念与特征,并能使用流程图和恰当的控制结构描述算法。	能比较准确地说出算法的概念与特征,并能使用流程图和恰当的控制结构描述算法。	能大致说出算法的概念与特征,能使用流程图描述算法,但不能选用恰当的控制结构描述算法。	不能清楚说出算法的概念与特征,无法用流程图描述算法,不能选用恰当的控制结构描述算法。	
课堂表现	课堂表现情况	积极参与课堂活动,很好地完成课堂任务。	较好地参与课堂活动,较好地完成课堂任务。	偶尔参与课堂活动,基本能完成课堂任务。	不参与课堂活动,无法完成课堂任务。	
小组表现	小组职责完成情况	积极完成组内分配的任务。	基本能完成组内分配的任务。	偶尔完成组内分配的任务。	不执行被分配到的任务。	
	组内分享合作情况	积极分享观点、资源,与组员合作十分默契。	经常分享观点、资源,有时会与组员合作。	偶尔分享观点、资源,较少与组员合作。	从不分享观点、资源,从不与组员合作。	

（5）子任务学习过程评价量表3（表2-2-15）聚焦于Python语言知识及算法实现能力的评价,同时保留课堂表现与小组表现的评价内容。该评价量表旨在帮助教师评估学生对Python语言的学习成效及编程水平,为个性化教学提供参考。

（6）子任务学习过程评价量表4（表2-2-16）重点评价学生的程序实现、调试与运行能力,同时保留课堂表现与小组表现的评价内容。该评价量表旨在帮助教师考查学生将算法转化为可运行程序的实践能力,发现学生在程序开发环节中存在的问题,从而完善教学改进。

（7）子任务学习过程评价量表5（表2-2-17）着重评价学科核心素养,包括信息意识及建模思维、计算思维,同时涵盖课堂表现与小组表现。该量表旨在帮助教师衡量学生在算法设计中核心素养的发展水平。

表2-2-15 子任务学习过程评价量表3

课题名称	算法与程序设计		姓名				总星数
			小组成员				
评价指标	评价内容	真棒 (★★★★)	不错哦 (★★★☆)	继续努力 (★★☆☆)	不要放弃 (★☆☆☆)		
基本项	Python语言基本知识及算法实现	完全了解Python语言的基础知识,能准确使用Python语言实现简单算法。	基本了解Python语言的基础知识,能比较准确使用Python语言实现简单算法。	了解部分Python语言的基础知识,在教师或同学的帮助下,能使用Python语言实现简单算法。	不了解Python语言的基础知识,也不会使用Python语言实现简单算法。		
课堂表现	课堂表现情况	积极参与课堂活动,很好地完成课堂任务。	较好地参与课堂活动,较好地完成课堂任务。	偶尔参与课堂活动,基本能完成课堂任务。	不参与课堂活动,无法完成课堂任务。		
小组表现	小组职责完成情况	积极完成组内分配的任务。	基本能完成组内分配的任务。	偶尔完成组内分配的任务。	不执行被分配到的任务。		
	组内分享合作情况	积极分享观点、资源,与组员合作十分默契。	经常分享观点、资源,有时会与组员合作。	偶尔分享观点、资源,较少与组员合作。	从不分享观点、资源,从不与组员合作。		

表2-2-16 子任务学习过程评价量表4

课题名称	算法与程序设计		姓名				总星数
			小组成员				
评价指标	评价内容	真棒 (★★★★)	不错哦 (★★★☆)	继续努力 (★★☆☆)	不要放弃 (★☆☆☆)		
基本项	程序实现、调试与运行	能准确完成程序的实现、调试与运行。	能比较准确地完成程序的实现、调试与运行。	能在教师或同学的帮助下完成程序的实现、调试与运行。	无法完成程序的实现、调试与运行。		
课堂表现	课堂表现情况	积极参与课堂活动,很好地完成课堂任务。	较好地参与课堂活动,较好地完成课堂任务。	偶尔参与课堂活动,基本能完成课堂任务。	不参与课堂活动,无法完成课堂任务。		

（续表）

小组表现	小组职责完成情况	积极完成组内分配的任务。	基本能完成组内分配的任务。	偶尔完成组内分配的任务。	不执行被分配到的任务。	
	组内分享合作情况	积极分享观点、资源，与组员合作十分默契。	经常分享观点、资源，有时会与组员合作。	偶尔分享观点、资源，较少与组员合作。	从不分享观点、资源，从不与组员合作。	

表2-2-17　子任务学习过程评价量表5

课题名称	算法与程序设计		姓名			总星数
			小组成员			
评价指标	评价内容	真棒 (★★★★)	不错哦 (★★★☆)	继续努力 (★★☆☆)	不要放弃 (★☆☆☆)	
学科核心素养	信息意识及建模思维	能熟练地识别信息的可靠性和有效性，并判断其是否适用；能选择合适的数学模型或算法模型描述问题；能根据问题特点设计合理的算法。	能识别信息的可靠性和有效性，能选择数学模型或算法模型描述问题，并能设计算法。	能识别信息的可靠性和有效性，并能选择数学模型或算法模型描述问题。	能识别信息的可靠性和有效性。	
	计算思维	能熟练根据实际问题抽象出算法来解决问题；关注算法效率，设计恰当的问题求解算法。	能根据实际问题的需求，抽象出算法来解决问题，并能考虑到算法的效率。	能根据实际问题需求抽象出算法来解决问题，但未能考虑到算法效率。	对于实际问题的需求，无法抽象出算法解决问题。	
课堂表现	课堂表现情况	积极参与课堂活动，很好地完成课堂任务。	较好地参与课堂活动，较好地完成课堂任务。	偶尔参与课堂活动，基本能完成课堂任务。	不参与课堂活动，无法完成课堂任务。	
小组表现	小组职责完成情况	积极完成组内分配的任务。	基本能完成组内分配的任务。	偶尔完成组内分配的任务。	不执行被分配到的任务。	
	组内分享合作情况	积极分享观点、资源，与组员合作十分默契。	经常分享观点、资源，有时会与组员合作。	偶尔分享观点、资源，较少与组员合作。	从不分享观点、资源，从不与组员合作。	

案例3 信息技术伴我学

一、项目说明

本案例选自人教版普通高中信息技术必修1第一章《认识数据与大数据》。教学内容以"信息技术伴我学"为项目主题,围绕"数据、信息与知识""数字化与编码""大数据及其作用与价值"展开。通过拟定电子图书购买清单、制作电子校刊、设计电子图书推荐方案等活动,引导学生在信息社会生态环境中感知数据、认识信息、学习知识,激发学生主动发展数字化环境下的学习能力、迭代能力和合作意识。在项目实践中,学生运用数字化工具和资源完成任务,体验电子图书的检索,尝试电子校刊的制作,感受大数据的魅力,以及数字化工具和资源的优势。教材中引用了许多古诗词,体现了中华优秀传统文化和民族自信,落实了立德树人的根本任务。

本案例梳理了项目活动,编制了导学单,汇总项目实施过程性评价量表等。

二、"非常1+7"模式分析

(一)"非常1"——知识与技能

本案例旨在引导学生感知信息和认识数据。

1. 知识

数据和信息的概念,数据和信息的特征,数据科学的相关知识,进位计数制的概念,二进制等常见进制的特点,大数据在社会各领域中的应用,以及大数据在社会变革中的作用。

2. 技能

根据问题查找和采集数据,分析数据中所承载的信息,利用数字化资源和工具获取数据和提炼信息,知道不同进制之间的相互转换方法,利用数字化工具将纸质校刊制作成电子校刊等。

（二）"3导向"和"4促进"

详见表2-3-1。

表2-3-1　信息技术伴我学项目"3导向"和"4促进"

项目流程	"3导向"和"4促进"	具体策略呈现
确定项目	真实情境促进	随着信息技术的发展，人们的阅读方式也随之发生变化。在学校诗词大会即将举行之际，学校图书馆收到多项学生建议。例如，增购电子图书、将馆藏的纸质校刊制作为电子校刊、提供个性化的图书推荐。
	驱动问题导向	1. 任务一：哪些网站上有电子图书介绍？这些数据对人们选择图书有什么帮助？ 2. 任务二：纸质校刊和电子校刊在借阅时各有什么优势和不足？ 3. 任务三：什么是推荐系统？为什么需要推荐系统？电子图书推荐的方法是什么？
制订计划	探索支架导向	单元项目目标计划表。
	尊重自主促进	尊重学生自主性。由学生自由组队，开展研究。
活动探究	探索支架导向	导学单、电子图书网站、纸质书刊。
	评价规则导向	学生课堂表现观察量表（表2-3-8）。指导学生开展互评，观察他人在学习投入情况、问题解决能力、合作学习能力、自主学习能力等方面的表现。
	反思引导促进	指导学生完成资料的搜集，协调团队合作。
作品制作	产品生产促进	完成三个任务的活动探究。
成果交流	评价规则导向	学生作品评价表（表2-3-9）。指导小组开展互评，从其他小组作品的完成度、合理性、创造性等维度进行评价。
	反思引导促进	引导学生积极有效地进行汇报交流。
总结评价	评价规则导向	教师根据小组作品和组员汇报情况进行评价。
	反思引导促进	引导学生积极反思，深入思考，梳理经验并总结提升。

三、项目活动设计

(一) 学习者特征

1. 一般特征

高一学生的思维发展迅速,处于形式运算阶段。他们能够摆脱具体经验的束缚,理解并运用相互关联的抽象概念。这一阶段的学生对新知识持有独立见解,具备创新精神。在项目化学习中,他们能够通过自主建构知识获取新内容,积极参与各类思考与实践活动,展现较强的主观能动性。

2. 初始能力

通过初中信息科技课程的学习,学生对信息的概念和特征有初步认识。然而,他们对数据的概念以及数据、信息与知识之间的关系的理解仍较为模糊。

3. 信息素养

高一学生能够熟练操作计算机和手机等智能设备。他们的信息收集与加工能力较强,能够运用搜索引擎、各类应用程序等工具获取信息,并对其进行初步整理。他们对借助数字化工具开展学习抱有浓厚兴趣,对新技术充满好奇心与求知欲。面对问题时,他们具备一定的判断分析能力,乐于表达自己的观点,也能积极主动地交流和分享信息。

(二) 学科核心素养

1. 信息意识

能根据解决问题的需要,查找和感知数据,分析数据中所承载的信息。理解数据和信息的概念,描述数据和信息的特征。认识数据科学,体验大数据对学习、生活和社会发展的影响。知道进位计数制的概念,了解二进制、十进制、十六进制等常见进制的特点。

2. 计算思维

能利用数字化资源和工具获取、分析数据,提炼信息,提升在实践中解决问题的能力。掌握不同进制之间相互转换的方法,并对其进行归纳总结,能将其迁移到其他知识的学习中。

3. 数字化学习与创新

能根据需求,主动选用数字化工具开展自主学习,与同伴合作探究,交流分享。利用数字化工具,将纸质校刊制作成电子校刊,体验电子校刊的制作过程。

了解大数据在社会各领域中的应用,感受大数据在社会变革中的作用。

4. 信息社会责任

在选择电子图书过程中,具有积极的学习态度和理性的判断能力。能自觉遵守信息社会的法律法规,负责任地使用信息。

(三) **教学重点和难点**

1. 重点

理解数据的概念,体会数据对生活的作用。能利用数字化资源和工具获取、分析数据。能根据需求主动选用数字化工具开展自主学习,与同伴合作探究、交流分享。能够自觉遵守信息社会的法律法规,负责任地使用信息。

2. 难点

知道进位制,了解不同进位制的特点。能掌握不同进位制之间相互转换的方法,并能将其迁移到其他领域的学习中。掌握数字化工具的操作技能。

(四) **教学准备**

教学准备主要包括在线教学平台、引导性资料、实践指导资源以及过程记录材料等内容,旨在为项目化学习的顺利开展和学生的有效学习提供全方位支持。其中,搭建专门的在线教学平台需要整合各类学习资源,并具备课程发布、讨论交流、作业提交与批改等功能,以方便师生互动。此外,还应配套制作精美的教学课件,通过直观的图片、生动的动画及简洁的文字呈现教学内容。引导性资料包括项目导学单,需要设置引导问题,并明确各任务的阶段性成果要求。实践指导资源包括Python教程集,提供基础语法、数据处理及相关案例教程,帮助学生利用Python进行数据分析。

(五) **项目活动**

为了更好地完成该项目的学习,根据项目情境,设置了三个项目任务。在完成每个项目任务的过程中,都会有一个阶段性的项目成果。其中,任务一是拟定一份学校图书馆电子图书购买清单;任务二是将纸质校刊制作成电子校刊;任务三是设计学校图书馆电子图书推荐方案。课时安排如表2-3-2所示。

1. 任务一:拟定电子图书购买清单

本任务将引导学生搜索电子图书网站,记录电子图书选择过程中的参考数据,了解这些数据所反映的信息,并描述数据在选择电子图书过程中所起的作用。实施过程如表2-3-3所示。

表2-3-2 信息技术伴我学项目课时安排

课时	学习内容
2	任务一:拟定电子图书购买清单
2	任务二:制作电子校刊
1	任务三:设计电子图书推荐方案

表2-3-3 任务一项目实施

活动环节	教师活动	学生活动
情境引入	在学校筹备诗词大会的过程中,图书馆想根据学生们的需求,增购一批与诗词相关的电子图书,请为图书馆列出购买清单。	认真聆听教师介绍情境,明确任务目标,思考如何着手进行选购。
体验思考	1. 展示常见电子图书网站的界面截图,引导学生观察网站布局和呈现的数据类型。 2. 提出驱动性问题:哪些网站提供电子图书介绍?网站上展示了哪些数据?这些数据如何帮助人们选择图书? 3. 组织学生分组讨论,并鼓励小组代表分享讨论成果。	1. 分组讨论教师提出的问题,通过回忆日常的上网经验,列举常见的电子图书网站。 2. 再次浏览这些网站,记录网站上的相关数据,如书籍评分、销量、作者信息、价格、读者评论数量等,并尝试分析这些数据对选书的帮助。例如,高评分可能表明图书质量较好,高销量可能反映其受欢迎程度。
项目实践	1. 指导学生使用搜索引擎和电子图书网站的搜索功能,查找与诗词大会相关的电子图书,并记录详细数据。 2. 引导学生根据不同需求,如诗词主题、难度级别、价格范围等,对收集到的数据进行整理和比较。 3. 提出问题:比较电子图书数据,根据不同需求选择图书,并说明理由。 4. 组织学生讨论并分享选择依据。	1. 运用所学搜索技巧,在多个电子图书网站搜索相关图书,记录书名、作者、出版社、价格、评分、内容简介等详细数据。 2. 按照不同需求对数据进行分类,对比同类图书的各项数据差异。例如,对比不同版本的诗词解读图书的价格和读者评分,以挑选性价比高且评价好的图书。 3. 小组讨论并整理数据,在班级中分享选择依据。

（续表）

活动环节	教师活动	学生活动
探究活动	1.引导学生关注热门图书的评论栏,提出问题:面对大量评论,如何快速分析读者最突出的阅读感受? 2.介绍一些语义分析工具的基本原理和使用方法,如词频分析工具、情感分析工具等。 3.组织学生运用工具对收集的读者评论进行分析,并分享分析结果和体会。	1.浏览热门图书评论区,思考快速提取关键信息的方法。 2.学习语义分析工具的使用,选择合适的工具对评论进行处理。例如:使用词频分析工具找出高频词汇,推测读者关注的重点;运用情感分析工具判断评论的情感倾向。 3.根据工具分析结果,提炼读者最突出的阅读感受,并在组内和班级中分享分析过程和结论。

2. 任务二:制作电子校刊

本任务将引导学生学习制作一份内容丰富、形式多样的电子校刊的流程,分析纸质校刊和电子校刊的优劣势,完成将纸质校刊制作成电子校刊的任务。实施过程如表2-3-4所示。

表2-3-4　任务二项目实施

活动环节	教师活动	学生活动
情境引入	展示学校馆藏的纸质校刊,分享往年诗词大会征文情况,提出纸质校刊数量少,无法满足借阅需求的问题,引出将纸质校刊制作成电子校刊的任务。	观察纸质校刊,聆听教师的介绍,思考如何解决借阅需求过大的问题,初步了解任务背景。
体验思考	1.提出问题:能否将纸质校刊制作成电子校刊?电子校刊是否能满足学生的借阅需求?纸质校刊和电子校刊在借阅时各有哪些优势和不足? 2.引导学生分组讨论,并巡视各小组的讨论情况。	1.分组讨论教师提出的问题,结合自身借阅经历,列举纸质校刊和电子校刊的优势与不足。例如,纸质校刊具有质感但易损坏,电子校刊方便携带但须配备电子设备等。 2.每组推选代表分享讨论结果,其他小组可进行补充和交流。

(续表)

活动环节	教师活动	学生活动
项目实践	1. 讲解如何将生活中的二进制数转化为十进制数,通过实例演示计算方法。 2. 介绍将纸质校刊上的文字制作成电子文本或语音文件的方法,演示操作流程。 3. 指导学生将纸质校刊上的插图制作成图像文件,让学生动手实践。 4. 组织学生分组,明确小组分工,巡视指导学生实践过程,及时解决学生遇到的技术问题。	1. 学习将二进制数转换为十进制数的方法,并通过练习进行巩固。 2. 学习文字识别软件和语音合成软件的使用。尝试将纸质校刊中的部分文字扫描识别为电子文本,并将另一部分文字转换为语音文件,体验文字数字化的不同形式。 3. 按照教师指导,使用扫描仪或手机扫描软件将插图制作成图像文件,再用图像处理软件进行简单处理,如裁剪多余部分、调整图像清晰度等。 4. 小组内分工合作,将处理好的文字、插图等素材按照一定的排版要求制作成电子校刊。在实践中体验电子校刊的制作过程,遇到问题及时与小组成员或教师沟通。
探究活动	1. 引导学生思考除了已使用的工具,还有哪些数字化工具可以实现文字和插图的数字化,并组织学生进行交流分享。 2. 以制作音频文件为例,讲解模拟信号的数字化过程,包括采样、量化、编码三个步骤。通过简单示例(如声音波形图)帮助学生理解。 3. 组织学生录制一段与诗词大会相关的音频(如诗词朗诵),并运用所学知识分析其数字化过程,鼓励学生分享自己的理解和体会。	1. 小组讨论各种数字化工具,如在线文字识别平台、专业图像处理软件等,并分享各自的使用体验。 2. 聆听教师讲解模拟信号数字化的过程,结合示例理解采样、量化、编码的概念和作用。 3. 小组合作录制一段诗词朗诵音频,运用所学知识分析音频从模拟信号到数字信号的转换过程,如采样频率的确定、量化位数的影响等,并在班级中分享分析结果和实践体验。

3. 任务三:设计电子图书推荐方案

本任务将引导学生分析电子图书网站向读者推送电子图书的方法和策略,并为学校图书馆设计一份电子图书推荐方案。实施过程如表2-3-5所示。

表2-3-5　任务三项目实施

活动环节	教师活动	学生活动
情境引入	讲述学生在学校图书馆面对众多书目难以选择的实际情况，引出图书馆希望根据学生不同的阅读习惯进行个性化推荐图书的需求。	聆听教师介绍，明确本次任务的要求。
体验思考	1. 提出问题：什么是推荐系统？引导学生结合生活中遇到的推荐场景进行思考。 2. 组织学生分组讨论推荐系统的必要性，鼓励小组代表分享观点。 3. 引导学生回忆之前观察电子图书网站的经历，思考网站如何向用户推荐图书。	1. 学生结合生活经验，思考什么是推荐系统，并在组内交流各自的想法。 2. 从自身面对大量信息时的感受出发，分组讨论推荐系统的必要性，并在班级中分享讨论结果。 3. 回忆使用电子图书网站的经历，思考网站推荐图书的方法，组内交流并总结。例如，自己经常浏览科幻类图书，网站可能根据浏览历史推荐更多科幻类图书。
项目实践	1. 指导学生打开电子图书网站，观察网站首页推荐的电子图书类型。 2. 组织小组讨论不同学生打开首页时看到的推荐图书类型是否不同。引导学生思考这些差异产生的原因。 3. 提供一些关于电子图书网站推荐策略的资料，引导学生阅读、理解，并分析这些策略在实际网站中的应用。	1. 学生打开电子图书网站，仔细观察首页推荐的电子图书类型，记录不同类型图书的特点和展示位置等信息。 2. 与小组成员交流各自看到的推荐图书类型，分析差异。例如，有的同学看到的是科幻类图书推荐，有的是文学类图书推荐，并思考其中原因。 3. 阅读教师提供的推荐策略资料，结合观察到的网站实际情况，分析网站可能采用的推荐策略。
探究活动	1. 引导学生思考大数据在个性化推荐过程中的作用。 2. 让学生举例说明个性化推荐在生活中的其他应用，并分析这些应用中个性化推荐的特点和优势。 3. 根据之前的分析和讨论，引导学生为学校图书馆设计一份电子图书个性化推荐方案，并指导学生进行方案设计。	1. 小组讨论大数据在个性化推荐中的作用，并记录讨论要点。 2. 举例说明个性化推荐在生活中的其他应用，分析这些应用如何根据用户数据进行精准推荐，以及这些推荐为用户带来的便利。 3. 小组合作设计学校图书馆的电子图书个性化推荐方案，确定推荐算法，明确数据来源，设计推荐界面，完成方案设计并汇报。

四、导学单

信息技术伴我学项目导学单

单元主题	信息技术伴我学	对应章/课时	第四章/5课时
教材	人教版高中信息技术选择性必修3《数据管理与分析》	学生姓名	

主要学习过程
本单元主题为"信息技术伴我学",包含以下三个任务。 任务一:拟定电子图书购买清单,目的是引导学生了解数据及其对生活的影响。 任务二:制作电子校刊,旨在引导学生感受数字化过程并熟练使用数字化工具。 任务三:设计电子图书推荐方案,旨在引导学生利用信息技术使生活更便捷。

学习任务要求
1.通过小组讨论,分析当前学校图书馆存在的问题,明确项目任务,最终拟定一份电子图书采购清单。 2.了解数字信号和模拟信号,以小组为单位制作电子校刊。 3.设计一份电子图书推荐方案。 4.在完成每次课堂任务后,根据能力范围进行适当创新。 5.在第5次课程中完成单元作品说明文档,并在班内进行作品展示与汇报。

学习过程分课时设计
1.课时1学习目标: (1)了解常见的电子图书网站,并获取与图书相关的数据。 (2)理解数据在选购电子图书时的参考价值。 (3)学会初步整理和记录采集到的数据。 2.课时1学习任务: (1)网站探索(15分钟):分组讨论并列举至少3个常见的电子图书网站。小组成员分别进入这些网站,初步观察网站布局和呈现的数据类型。 (2)数据采集(20分钟):在选定的网站上搜索与诗词大会相关的电子图书,记录书籍评分、销量、作者信息、价格、读者评论数量等数据,并制作表格。 (3)小组讨论(10分钟):分析采集的数据,讨论这些数据对选择图书有何帮助,如高评分可能代表图书质量较好,高销量可能意味着图书更受欢迎等。 (4)总结汇报(5分钟):每组推选一名代表向全班汇报小组讨论结果。 3.课时2学习目标: (1)掌握筛选和比较电子图书数据的方法。

(2) 学会运用语义分析工具分析读者评论数据。
(3) 能根据数据分析结果制定合理的图书采购决策。

4. 课时2学习任务：

(1) 数据筛选(15分钟)：根据诗词主题、难度级别、价格范围等不同需求，对之前采集的数据进行整理和分类。对比同类图书的各项数据差异，挑选符合不同需求的图书。

(2) 工具学习(15分钟)：学习语义分析工具(如词频分析工具、情感分析工具)的基本原理和使用方法，教师可提供简单示例进行演示。

(3) 评论分析(15分钟)：运用语义分析工具对采集到的热门图书读者评论进行分析，找出高频词汇，判断评论情感倾向，提炼读者最突出的阅读感受。

(4) 方案制定(5分钟)：根据数据筛选和评论分析结果，为图书馆拟定一份电子图书购买清单，并说明选择依据。

5. 课时3学习目标：

(1) 理解二进制数与十进制数的转换方法，并能进行简单运算。
(2) 掌握将纸质校刊文字制作成电子文本或语音文件的基本方法。
(3) 学会将纸质校刊插图制作成图像文件，并做简单处理。

6. 课时3学习任务：

(1) 进制转换学习(15分钟)：学习二进制数转化为十进制数的方法。通过教师实例演示和自我练习，掌握进制转换。

(2) 文字数字化(15分钟)：学习使用文字识别软件将纸质校刊上的文字扫描识别为电子文本，并尝试使用语音合成软件将部分文字转换为语音文件。

(3) 插图处理(15分钟)：使用扫描仪或手机扫描软件将纸质校刊插图制作成图像文件，再用图像处理软件进行裁剪、调整清晰度等简单处理。

(4) 素材整理(5分钟)：将处理好的文字、插图等素材按照一定规则进行整理(可参考表2-3-6)，为制作电子校刊做准备。

表2-3-6 素材整理

素材类型	素材来源（纸质校刊页码）	处理方法	处理后效果描述
文字		文字识别软件名称： 语音合成软件名称：	电子文本字数： 语音文件时长：
插图		扫描设备/应用软件名称： 图像处理软件名称：	图像尺寸： 清晰度变化：

7. 课时4学习目标：

(1) 熟练运用数字化工具完成电子校刊的排版制作。
(2) 了解模拟信号的数字化过程，并能进行简单分析。
(3) 探索更多实现文字和插图数字化的工具和方法。

8.课时4学习任务:

(1)校刊制作(20分钟):小组内分工合作,使用电子校刊制作工具将整理好的文字、插图等素材进行排版设计,制作电子校刊初稿。

(2)技术探究(15分钟):学习模拟信号的数字化过程,包括采样、量化、编码三个步骤。结合教师提供的声音波形图示例,理解相关原理。小组合作录制一段与诗词大会相关的音频(如诗词朗诵),并运用所学知识分析其数字化过程。

(3)工具拓展探索(10分钟):小组讨论并探索除已使用的工具,还有哪些数字化工具可以实现文字和插图的数字化,如在线文字识别平台、专业图像处理软件等。可参考表2-3-7进行记录,并分享各自的发现和看法。

表2-3-7 数字化工具探索

数字化工具探索	工具名称	功能特点	使用方法简述	是否适用于校刊制作并说明原因

(4)校刊完善(5分钟):根据讨论和探究结果,对电子校刊初稿进行完善和优化。

9.课时5学习目标:

(1)深入理解电子图书推荐系统的原理和策略。

(2)能够为学校图书馆设计可行的电子图书个性化推荐方案。

10.课时5学习任务:

(1)原理分析(15分钟):回顾电子图书网站推荐图书的方法,结合教师提供的资料,深入分析推荐系统的原理和常见的推荐策略,如基于内容的推荐、协同过滤推荐等。

(2)方案设计(20分钟):小组合作,根据学校图书馆的实际情况和学生阅读需求,为学校图书馆设计一份电子图书推荐方案,明确推荐算法、数据来源、推荐界面设计等内容。

(3)展示准备(10分钟):制作推荐方案演示文稿,整理方案要点、设计思路和预期效果,准备向全班展示。

(4)展示汇报(5分钟):每组推选一名代表进行展示汇报,其他小组认真倾听,并提出问题和建议。

学习评价方案

本次课程采取教师评价(70%)和组内互评(30%)相结合的方式进行评价。教师评价维度包括基本知识概念、基本技能操作、表达能力、创新能力四个方面,共计100分。组内评价维度包括合作能力、倾听能力、表达能力、创新能力四个方面,共计100分。

参考资料

人教版普通高中信息技术必修1教材第一章《认识数据与大数据》。

五、项目实施过程性评价量表汇总

（1）学生课堂表现观察量表（表2-3-8）从多个维度考量学生课堂表现，各维度按A、B、C、D记录表现情况。通过对这些维度的观察与评价，教师能全面了解学生在课堂上的学习行为与收获。一方面，教师能判断教学方法是否有效，例如，学生参与度高、能学以致用，说明教学方法可能较为有效；反之，则需要进行调整。另一方面，教师能发现学生个体或群体在学习过程中的优势与不足，为个性化指导和后续教学内容及方式的改进提供参考，从而提升教学质量，促进学生的学习与发展。

表2-3-8　学生课堂表现观察量表

学校		班级		人数		科目	
执教人		课题				课型	
观察人						时间	

观察项目	学生课堂表现情况			
	A	B	C	D
学生课前是否有所准备？				
学生是否能够用心倾听教师的讲课？				
学生是否能倾听同学发言，并能复述出来？				
学生能否积极主动参与课堂？（如积极发言、提问、讨论、交流等。）				
在合作学习中，学生能否与他人有效合作？				
学生是否对课堂环节感兴趣？是否有成功的体验？				
学生是否清楚本节课的学习目标？				
学生能否做到学以致用？				

等级评定：A代表优秀，B代表良好，C代表及格，D代表继续努力。

（2）学生作品评价表（表2-3-9）围绕学生作品及小组合作等方面构建评价体系，旨在全面评估学生作品质量、小组合作能力和评价交流态度，助力学生的成长与教师教学的改进。通过评价学生作品，教师能精准衡量学生在知识运用、创意表达、技术掌握等方面的综合能力,发现作品的优点与不足,从而为学生指明改进方向,提升作品质量。小组合作评价有助于教师了解学生团队合作能力,促进学生提升团队合作意识与技巧。评价交流旨在培养学生客观评价他人和自我反思的能力。

表2-3-9 学生作品评价表

作品主题			组员			
评价指标		具体指标	小组自评	小组互评	教师评价	
作品评价	作品的主题	主题突出,符合任务的要求,体现与活动要求相关的思想情感和价值观。				
		主题表现出科学想象力,且符合科学性。				
		主题表达完整,具有可行性。				
	作品的表达力	采用的表达方式符合主题的特点。				
		表达方式具有想象力和个性表现力。				
		内容和结构设计独到。				
		素材获取及其加工凸显主题。				
	作品的艺术性	作品美观和谐,构图完整,页面布局合理。				
		作品具有艺术表现力和感染力。				
	作品的技术性	技术运用合理准确。				
		能够灵活应用各种技术。				
	作品的创新性	作品具有特色,体现创新性。				
小组合作		小组分工明确,合作默契。				
		流程规划科学可行。				
		作品达到预期目标。				
评价交流		积极参与小组自评、互评,态度认真,评价客观。				
总评						
作品还有哪些有待改进的地方?						

等级评定:A代表优秀、B代表良好、C代表及格、D代表继续努力。

第三章

跨学科项目化学习案例

2019年,中共中央、国务院印发《中国教育现代化2035》,其中提到要促进学科间融合,探索开发以培养综合素质为核心的跨学科课程和主题学习课程。2022年颁布的《义务教育课程方案(2022年版)》明确要求各学段、各学科开展跨学科主题教学,强化课程协同育人功能。可见,跨学科理念将在学校教育中占据较高地位,它是未来很长一段时间的研究重点,也是培养学生创新和实践能力的有效途径。项目化学习正是落实跨学科理念的重要教学模式。

跨学科也称交叉学科,最早在20世纪20年代中期的西方文献中出现,指的是超越一个单一学科边界而进行涉及两个或两个以上学科的知识创造与传播活动[1]。跨学科通常是为达到理解的目的或解决单一学科较难解决的问题,将两个及以上学科的概念、方法及理论整合,促进理解[2]。克莱因指出,跨学科最重要的特性就是整合不同学科之间的知识[3]。

我国学者伍超、邱均平等人认为,跨学科教育是一种基于学科又超越学科的跨学科知识的教学与研究。它是将跨学科知识与学科课程相互补充,以开放的方式和创新的实践方法解决现实世界中的真实问题,从而培养完整的人[4]。张

---

[1] 刘仲林.交叉科学时代的交叉研究[J].科学学研究,1993(2):11-18,4.
[2] Warren K. Postgraduate veterinary training in conservation medicine: an interdisciplinary program at Murdoch University, Australia[J]. EcoHealth, 2006, 3(1): 57-65.
[3] Klein J T. Interdisciplinarity:history, theory, and practice[M]. Wayne State University Press.
[4] 伍超,邱均平,苏强.跨学科教育的三重审视[J].浙江社会科学,2020(8):134-139,147,160.

炜、魏丽娜等人认为跨学科教育基于学科和教育发展规律,通过整合不同学科的知识与方法,旨在培养具备复合知识和高阶思维的创新型人才[1]。

综合国内外不同学者的观点,本书认为,跨学科教育是指将两个或多个学科领域结合起来,以其中一个学科为核心,通过引入相关学科的理论和技能解决核心学科中的问题。此方法旨在培养学生具备运用多学科知识解决问题的能力,从而超越传统单一学科的学习限制。

项目化学习以驱动性问题为起点,通过实践产出成果,强调知识应用;而跨学科学习打破学科壁垒,聚焦真实问题的多维度解决。两者形成双向赋能机制:项目化学习为跨学科学习提供实践载体,跨学科学习则为项目提供深度内容支撑。设计跨学科的项目化学习需要从设计框架、设计策略和实施步骤三个方面进行系统规划。

设计框架的主要步骤包括明确教育目标和学习目标、选择与真实世界相关的主题、设计开放性的驱动性问题、设计活动原则与策略、规划分阶段的任务与活动、设计多维度的评价体系,并提供必要的资源与支持,以确保项目既有学科深度,又能通过实践解决问题。其中,活动原则与策略的设计是开展信息科技课程跨学科项目化学习活动的重要步骤。活动原则是跨学科项目化学习活动设计与实施所必须遵循的基本要求,它能科学处理跨学科知识整合过程中的结构性矛盾,包括整合性原则、情境性原则、主体性原则和实践性原则等。活动策略的设计包括基于问题导向的探究式策略、基于实践迁移的创新式策略和基于多元智能的差异式策略等。

设计策略则聚焦学科整合策略、任务设计策略和评价设计策略。学科整合可采用对主学科和辅助学科进行平行整合或概念统整的方式,确保多学科知识有机融合。任务设计应贴近真实情境,通过分层设计架构与合作探究机制相结合,激发学生主动探究的积极性。评价设计应注重构建多维度动态评估体系,全方位关注学科知识应用、跨学科思维培养和成果质量。通过量表或档案袋记录学生表现,确保项目既能整合学科知识,又能培养学生的综合能力。

---

[1] 张炜,魏丽娜,曲辰.全球跨学科教育研究的特征与趋势——基于Citespace的数据分析[J].高等工程教育研究,2020(1):123-130.

实施步骤包括启动、探究、设计、实施、展示和反思六个阶段。在启动阶段，教师通过引入驱动性问题激发学生兴趣，同时组织学生分组分工。在探究阶段，学生通过调研、实验等方式收集信息。在设计阶段，学生基于调研结果设计解决方案。在实施阶段，学生测试并优化方案。在展示阶段，学生通过展览、演讲等形式呈现成果。在反思阶段，学生总结学习收获与不足，教师评估项目效果并调整设计。这一流程可确保项目有序推进，引导学生逐步深入学习，最终实现跨学科知识的整合与应用。

有效实施跨学科项目化学习能够激发学生的探究兴趣，培养他们的综合能力，同时促进学生对学科知识的深度理解与应用。本章将展示三个精选的跨学科项目化学习案例，每个案例都着重体现了如何结合多个学科的知识与技能解决实际问题，提升学生的综合能力。

案例1　英雄人物事迹展

一、项目说明

本案例选自《义务教育信息科技课程标准（2022年版）》四年级的跨学科主题"在线学习小能手"，旨在培养学生利用在线方式解决问题的能力，逐步适应社会发展。

本案例围绕"制作数字故事"展开，以信息科技课程中的在线搜索、信息整合、信息加工等技术为主体，以英雄人物故事为载体，融合语文学科的知识，引导学生在深入理解文章主旨的同时，运用数字化工具呈现英雄人物故事，将家国情怀的种子播种在学生心中，助力学生成为一名具有家国情怀、民族气节的人。在语文课本中，学生已经学习了一些关于"家国情怀"的课文，积累了许多英雄人物故事。在感受语言文字及作品独特价值的同时，学生借助数字化资源表达自己对英雄人物故事的认识、理解与感受。这既能丰富学生语文知识的表现手段，又有利于学生认识中华文化的博大精深，进一步帮助学生夯实文化自信。

二、项目活动设计

（一）学习者特征

1. 一般特征

四年级学生的逻辑思维能力正在快速发展，能够初步对问题进行分析。同时，这一阶段的学生不再以自我为中心，这使采取小组合作学习的方式具备可行性，有利于培养学生的思维能力以及人际交往能力，帮助学生跨越"最近发展区"。该年龄段的学生好奇心旺盛，对新鲜事物特别感兴趣，尤其是当学习内容和活动充满趣味性和互动性时。利用H5动画设计平台制作数字故事恰好能够满足学生对创造和表达的渴望，激发学生主动探索和实践的热情。

2. 初始能力

信息科技：学生已经能够使用网络准确获取所需资源，并进行保存。但学生尚未尝试整合若干技能，以小组合作的形式完成完整作品。

语文：四年级学生已有一定的语文知识储备，包括词汇量、句型理解和文本分析等。他们能够读懂并讨论简单的文学作品，能够把握故事的基本线索、体会作者的意图和文章所表达的情感。若将已学习的语文知识应用于H5动画制作，可以加深学生对文本的理解，并培养他们深层次的阅读能力。

3. 信息素养

学生能够使用一些常见的搜索引擎获取信息，但筛选和甄别能力较为薄弱。面对海量的网络信息，学生难以快速判断信息的相关性、准确性和可靠性。在信息处理方面，他们能进行简单的复制、粘贴等基础操作，但缺乏对信息进行深度加工、整合和分析的能力。在信息安全意识方面，虽然学生对信息安全有模糊概念，但在实际操作中缺乏对网络信息的版权保护意识，可能会随意使用未经授权的素材，尚未养成合法合规获取和使用信息的习惯。

（二）学科核心素养

1. 信息科技

信息意识：掌握在线学习技能，使用工具准确获取特定主题素材。

计算思维：在解决简单问题时，将问题划分为小问题逐步解决。通过在线学习活动，体验在线搜索、信息整合、信息加工的过程。能运用文字或图示描述问题与任务，在线分派任务、交流观点、协同编辑、发布成果。

数字化学习与创新:体验线上线下学习的差异,积累经验,掌握更多技能。学会使用在线学习软件,利用在线学习技能获取所需资源与素材,用在线学习技能制作数字故事。

信息社会责任:合法合规地获取资源,尊重知识产权。在分享数字故事时,考虑内容的真实性、准确性和适宜性,避免传播虚假、有害或不良信息,对自己的作品和分享行为负责。

2. 语文

文化自信:在获取素材的过程中,搜索中华优秀传统文化的相关内容,增强对中华文化的认同感和自豪感。

语言运用:在分享体会的过程中,清晰、准确地组织语言,有条理地表达自己的感受和经验,锻炼语言表达能力。

3. 道德与法治

道德修养:小组合作完成数字故事制作等任务时,遵循诚实守信、相互尊重等道德规范。在资源获取过程中尊重知识产权,不抄袭盗用。

健全人格:在面对困难和挑战时,培养积极乐观、勇于探索的精神。在小组任务中学会沟通、包容、合作,塑造健全人格。

责任意识:在全班分享数字故事等成果时,对分享内容的真实性、准确性负责,对自己的行为负责,体现责任意识。

(三)教学重点和难点

1. 重点

掌握在线学习技能,学会使用H5动画设计平台制作数字故事。

2. 难点

实现跨学科知识深度融合与创新应用,在数字故事中自然融合多学科知识。有效筛选整合信息,能从海量网络资源中获取优质素材并合理运用。

(四)教学准备

智慧教室、计算机、电子白板、项目导学单、H5动画设计平台、智慧课堂平台(含互评小程序)。

(五)项目活动

本项目的实施分为三个阶段:项目准备、作品制作和成果展示。课时安排如表3-1-1所示。

表 3-1-1　英雄人物事迹展项目课时安排

课时	学习内容
1	项目准备
2	作品制作
1	成果展示

1. 项目准备

详见表 3-1-2。

表 3-1-2　英雄人物事迹展项目准备

教学环节	教师活动	学生活动	教学媒体（资源）	跨学科设计具体表现
引入项目情境，揭示项目任务	引入项目情境：进入图书馆，找到语文"天下兴亡，匹夫有责"单元的故事宝典，利用H5动画的魔法，将这些文字故事转化为生动活泼的数字动画。明确具体的项目任务：班级开展"英雄人物事迹展"，围绕语文"家国情怀"单元主题展开，利用H5动画设计平台制作数字故事。	学生进入情境，代入"英雄人物事迹讲述者"角色，对项目内容有明确的了解。	教师自制的H5动画范例。	精心筛选教学资源，为学生提供真实的学习情境与有效的学习支架，并依据课程标准进行选题，结合主题特点提出各学科可实施的教学提示。
分学习小组	按照"组间同质，组内异质"的原则划分小组，引导学生进行小组讨论，自主选择主题。可选主题篇目有：《古诗三首》《为中华之崛起而读书》《梅兰芳蓄须》《延安，我把你追寻》《难忘的一课》。	以小组为单位讨论项目内容，确定项目主题。		鼓励学生自主选择主题，充分发挥他们的主观能动性。
讲解评价标准	向学生发放学习导学单、作品评价表、KWL表，讲解小组合作的目的、表格的使用方法和评价规则。同时，根据作品范例具体讲解作品评价标准。	填写导学单、作品评价表、KWL表的基本信息，依据教师提供的H5作品范例，熟悉评价标准。	导学单、作品评价表、KWL表。	帮助学生更好地依据评价标准制作项目作品。

（续表）

教学环节	教师活动	学生活动	教学媒体（资源）	跨学科设计具体表现
制订项目计划	指导学生确定小组主题、项目框架。	小组讨论： 1. 小组角色分工。 2. 确定完成项目的框架和顺序，明确项目任务的思路。		教师指导学生在初步规划的基础上进一步完善项目方案。

2.作品制作

详见表3-1-3。

表3-1-3　英雄人物事迹展项目作品制作

教学环节	教师活动	学生活动	教学媒体（资源）	跨学科设计具体表现
分析项目内容	分析项目主题的具体内容，引导学生收集所需素材，并提供数字化资源获取的途径。	小组讨论： 1. 确定小组主题的故事内容，并进行概括。 2. 确定项目所需的素材，组内分工合作完成整理。	搜索引擎、图片素材网站、音乐播放软件、视频播放软件、素材编辑软件。	为学生的学习提供有效的学习支架。
学习软件功能	介绍H5动画基本的制作方式。	初步尝试H5的使用方法，学习H5的基本功能。	H5动画在线设计平台。	突出教师"扶"的作用，为学生提供学习支架。
收集项目素材	为学生提供指导。	小组讨论，组内分工，收集项目素材。		为学生提供学习支架。
制作项目作品	及时关注各小组的项目进度，并指导学生完善其作品。	小组合作完成H5动画数字故事，并派代表在课堂上展示作品。		教师指导学生完善作品，并提出修改建议。

3. 成果展示

详见表3-1-4。

表3-1-4 英雄人物事迹展项目成果展示

教学环节	教师活动	学生活动	教学媒体（资源）	跨学科设计具体表现
评价修订	组织学生依据评价量表开展组内互评和自评。	开展组内互评和自评，按照评分中的不足之处对作品进行修改完善。		在评价过程中，学生可以通过观摩或评价其他小组的成果来发现自身的问题。
展示项目成果	组织各小组展示数字作品。依据作品评价表，与全班同学共同评选出班级优秀作品。引导学生通过"发弹幕"的形式进行评价和对英雄留言寄语。	小组代表公开展示小组作品，并参与评选班级优秀作品，同时写下留言寄语。	智慧课堂平台（互评小程序）。	将探究过程与实际问题解决紧密结合。
交流总结	指导学生完成作品评价表、导学单、KWL表格。	反思：在本次项目活动中，遇到了哪些问题？获得了哪些技能的提升？提出了哪些创新的想法？		引导学生进行反思，促进知识迁移，提高知识转化能力。

三、导学单

英雄人物事迹展项目导学单

项目名称	英雄人物事迹展	学科/年级	信息科技/四年级
	项目介绍		

本项目"英雄人物事迹展"依托统编版语文四年级上册第七单元，围绕"家国情怀"这一主题展开，利用H5动画设计平台制作数字故事。

想象你是一名小小探险家，也是一名未来的数字故事制作者。你的任务是进入图书馆，找到语文"天下兴亡，匹夫有责"单元的故事宝典，然后利用H5动画的魔法，将这些文字故事转化为生动活泼的数字动画。

项目目标

1. 信息科技：
(1) 能运用文字或图片描述问题与任务,在线分配任务、交流观点、协同编辑、发布成果。
(2) 通过在线学习活动,体验在线搜索、信息整合、信息加工的过程。
(3) 体验线上线下学习的不同方式,初步总结自己的在线学习经验,并与同伴分享体会。
2. 语文：
有条理地表达自己的感受和经验,锻炼语言表达能力。
3. 道德与法治：
(1) 遵循诚实守信、相互尊重等道德规范。在获取资源时,尊重知识产权,不抄袭盗用。
(2) 能够在小组任务中学会沟通、包容、合作,塑造健全人格。

评价任务

1. 本次课程采取教师评价(60%)和组内互评(40%)相结合的方式进行评价。通过教师评价和各小组互评,评选出班级优秀作品。
2. 学生完成导学单、KWL表。
3. 教师完成课堂观察表。

学习过程分课时设计

1. 课时1学习目标：
(1) 明确项目内容。
(2) 学会组内分工。
2. 课时1学习任务：
(1) 倾听教师对项目的讲解,有疑问时举手提问。
(2) 划分学习小组,以小组为单位讨论项目内容,选择项目主题,并完成表3-1-5。(小组角色分工包括组长、记录员、发言人、编辑、美术设计、配音员等。)

表3-1-5　小组分工

姓名	角色及分工

(3) 小组讨论,确定完成项目框架的顺序,完成表3-1-6。

表3-1-6 小组讨论记录

发言人	发言内容
讨论结果 (项目框架)	

3. 课时2和课时3学习目标:
(1) 会收集所需素材。
(2) 掌握H5动画的制作技巧。

4. 课时2和课时3学习任务:
(1) 小组讨论,概括确定的故事内容,填写表3-1-7。

表3-1-7 故事内容概况

人物	
背景	
故事主线	

(2) 小组讨论所要收集的素材,填写表3-1-8。

表3-1-8 素材清单

素材序号	素材内容	素材来源

(3) 制作H5动画数字故事。

5.课时4学习目标:
(1)能够清晰表达作品内容。
(2)利用智慧课堂平台进行弹幕互动,表达想法。
6.课时4学习任务:
(1)小组代表公开展示小组作品,评选班级优秀作品。
(2)学生对各组作品留言寄语。

评价与反思

完成作品评价表、KWL表。

四、项目实施过程性评价量表汇总

(1)英雄人物事迹展项目课堂观察表(表3-1-9)从态度、思维、合作、内容、跨学科素养五个一级指标对学生课堂表现进行评价。每个一级指标下分设二级指标,例如,态度包括参与程度和项目计划,思维涵盖条理性和创造性等。各指标均有标准描述和分值,最后设有教师点评和总分。

通过对学生课堂各方面表现的细致观察与量化评价,教师能够全面了解学生在项目学习过程中的投入程度、思维能力、合作水平、问题解决能力以及跨学科素养,便于及时反馈,调整教学策略。

表3-1-9 英雄人物事迹展项目课堂观察表

时间		教师		课题	
观察视角					
一级指标	二级指标	标准描述		分值	观察记录
态度	参与程度	学生积极参与项目作品制作,能主动解决问题、收集作品素材。		10	
	项目计划	学生对作品制作过程计划详细,且项目计划具有可行性。		10	
思维	条理性	学生能科学、完整地表达主题思想,结构合理、条理清晰。		5	
	创造性	学生选择的作品选题新颖、独特,能体现个性化,原创性强。		5	

（续表）

一级指标	二级指标	标准描述	分值	观察记录
合作	小组分工	小组分工明确且合理得当,各尽其职。	5	
	交流合作	学生能主动与他人交流合作,主动表达个人见解。	5	
内容	项目主题	学生选择的主题恰当明确,积极向上,切合学习和生活实际。	10	
	资料收集	学生能对收集的素材标明出处,素材丰富完整、质量高、清晰度高、原创性强。	10	
	资料加工	学生能整理分类资料,使其契合主题,内容精彩丰富。	10	
跨学科素养	跨学科知识融合	学生能够将不同学科的知识融会贯通,运用于项目中,展现出对多学科知识的整合能力和综合应用能力。	10	
	跨学科技能应用	学生能够收集和整理素材,运用语文技能进行框架构思和故事挖掘,通过道德与法治学科了解文化背景,从而在项目中展现跨学科技能的应用。	10	
	跨学科创新思维	学生在项目设计和实施过程中,能够运用创新思维,将不同学科的知识和技能有机结合,创造出新的解决方案或作品,展现跨学科的创新思维能力。	10	
教师点评			总分	

(2) 英雄人物事迹展项目作品评价表(表3-1-10)针对作品画面、内容、汇报人讲解、创新性、小组成员分工合作等方面设置评分要点,从多个角度对项目作品质量进行综合评价,帮助学生和教师了解作品的优势与不足,促进学生完善作品,同时培养学生的评价能力和合作意识。

表3-1-10　英雄人物事迹展项目作品评价表

组别		评分人		
评分要点		第___小组	第___小组	第___小组
作品画面清晰,素材丰富且与项目内容匹配度高。				
作品内容丰富,完全呈现故事内容。				
汇报人语言讲解通俗易懂,表述清晰。				
项目内容、制作以及表现方式具有创新性。				
项目作品由小组成员共同完成,工作分配合理。				
总分				

评分说明:根据各组汇报情况,在相应的位置打分。分值设置为1—5分。非常好为5分;较好但有小瑕疵为4分;中规中矩,无吸引人之处为3分;整体结构欠缺,有小问题为2分;问题较多,继续努力为1分。

(3) 英雄人物事迹展项目KWL表(表3-1-11)设置"K我知道什么?""W我想知道什么?""L我学到了什么?" 三个栏目。在不同课时中,分别记录学生在项目学习前已有的知识、学习过程中想了解的知识,以及学习结束后所学到的知识。该表帮助学生梳理学习过程,明确自己的知识起点和学习需求,促进学生在学习过程中主动探索知识,并在学习结束后进行反思总结,从而提高自主学习能力。同时,这也为教师了解学生的学习情况、调整教学内容提供参考。

表3-1-11　英雄人物事迹展项目KWL表

课时	K我知道什么?	W我想知道什么?	L我学到了什么?
第1课时			
第2课时和第3课时			
第4课时			

案例2 气象生活小卫士

一、项目说明

本案例选自《义务教育信息科技课程标准(2022年版)》八年级的跨学科主题"在线数字气象站"项目。该案例应用物联网技术制作在线数字气象站,用于测量小范围内的气候环境数据。学生通过气象站的各种传感器实时监控气象数据,探究数据变化规律。本案例综合运用信息科技、地理、物理和数学等知识,分为五个子项目,分别为"了解万物互联""构建简易传感器物联系统""收集数据(温度、湿度、风速等)""分析数据,设计数据可视化方案""制作'气象生活小贴士'"。

二、项目活动设计

(一)学习者特征

1. 一般特征

八年级学生正处于好奇心旺盛、求知欲强烈的时期。他们对新鲜事物充满探索欲望,同时具备一定的自主学习意识和团队合作能力。他们有较强的自我表现欲,渴望在实践活动中展现自己的能力,获得他人的认可。但该阶段学生的思维仍处于从具象思维向抽象思维过渡的阶段。在面对较为复杂的跨学科知识和实际问题时,可能需要教师适当引导,才能更好地将理论知识与实践相结合。

2. 初始能力

在信息科技学科方面,学生已经具备一定的信息技术基础,能够熟练使用常见的软件和工具进行信息的查找、收集与整理,但对于物联网技术、传感器系统等较为前沿和专业的知识了解较少。在数学学科方面,学生掌握了基本的运算、统计图表绘制等知识,但运用数学知识解决复杂实际问题的能力还有待提升。在地理学科方面,学生对地理环境有初步认识,但对地理要素之间的相互关系以及气候变化缺乏深入理解。在物理学科方面,学生虽已掌握一些基本的物理概念,但将物理知识应用于气象观测和数据处理的实践经验不足。

3. 信息素养

学生具备一定的信息意识,知道信息的重要性,能够利用网络获取信息,但对信息的筛选、评估和利用能力有待加强。在面对海量的气象相关信息时,学生难以快速准确地找到有价值的内容。在数字化学习与创新方面,学生能够参与在线学习,但自主学习能力和创新能力参差不齐,部分学生缺乏主动探索和创新的精神。该阶段学生的信息安全意识普遍较为薄弱,在收集和使用气象数据时,可能未充分考虑数据的版权和隐私问题。

(二)学科核心素养

1. 信息科技

信息意识:敏锐感知数据可视化在不同场景下的价值,能依据活动需求迅速判断并合理选择数据可视化形式。理解万物互联的概念。关注信息科技在气象站建设中的应用动态,并主动查阅资料深入了解其发展历程。对物联网传感器系统保持好奇心,积极探索其搭建方法。

计算思维:能够将气象数据处理任务分解为多个子问题,如数据收集、整理、分析等。运用所学知识设计合理的数据处理流程。在搭建数字气象站的过程中,通过算法思维优化传感器系统架构,提高解决实际问题的能力。

数字化学习与创新:熟练运用数字化工具收集学校气象数据,借助在线学习平台学习数据分析方法和图表制作技巧。积极与小组成员合作创新,设计出科学合理的数字气象站搭建方案。在实践中不断优化方案,提升数字化学习与创新能力。

信息社会责任:在收集和使用气象数据的过程中,严格遵守相关法律法规和道德规范,保护数据安全与隐私。搭建数字气象站时,充分考虑对校园环境和他人的影响,确保项目的实施符合社会利益。

2. 数学

数学抽象:从气象数据中抽象出关键的数学特征,如数据的集中趋势、离散程度等,将实际气象问题转化为数学问题,为后续分析奠定基础。

数学建模:运用图表制作技巧,设计分析气象数据的数学模型,例如,用折线图展示温度变化趋势,用柱状图对比不同时间的湿度差异等。用数学模型直观呈现气象数据特征。

3. 地理

区域认知：以校园气象站为切入点，认识校园区域内气象要素的变化特点，理解这些变化对校园地理环境的影响，形成对小区域地理环境的初步认知。

地理实践力：参与校园气象站的规划、搭建和数据收集活动，提高地理实践操作能力，并能将地理知识应用于实际场景，增强对地理学科的感性认识。

4. 物理

物理观念：深入理解气压、温度、湿度等气象要素的基本概念，构建清晰的物理观念体系，能从微观和宏观角度解释这些要素的变化原理。

科学态度与责任：在气象观测和数据处理过程中，秉持实事求是的科学态度，如实记录和分析数据，认识物理知识在气象研究中的重要性，培养对科学研究的责任感。

（三）教学重点和难点

1. 重点

理解万物互联的概念。掌握物联网传感器系统的搭建方法。学会搭建简易数字气象站。掌握气象数据的收集、分析和处理方法。能够合理选择数据可视化形式展示气象数据。

2. 难点

实现多学科知识的深度融合，在制作气象生活小贴士的过程中，能够将信息科技、数学、地理、物理等学科知识有机结合。根据气象数据和实际需求，设计具有创新性的气象生活小贴士和数据可视化方案。

（四）教学准备

数字图书馆、物联网讲解视频、传感器工作原理视频、作品实例。

（五）项目活动

1. 创设情境

学生将扮演气象小侦探的角色，接到一项特殊任务：为即将举行的校园运动会设计详细的气象生活小贴士。学生将利用物联网技术搭建一个实时气象监测系统。该系统通过传感器收集温度、湿度等关键气象数据，学生利用这些数据来预测运动会期间的天气状况，从而为参赛者和观众提供精确的气象小贴士。例如，如果预测到运动会当天阳光强烈，小贴士中将提醒大家做好防晒措施，如涂抹防晒霜、戴帽子和太阳镜等；如果预测到有阵雨，则会建议大家携带雨具，并提醒组织者提前准备雨棚。

2. 实践探究

详见表3-2-1。

表3-2-1 气象生活小卫士项目实施

项目环节	教师活动	学生活动	跨学科设计具体表现
子项目一：了解万物互联	提供相关资源平台供学生查阅。	学生分组合作探究： 1. 查阅资料，理解万物互联的概念，感受物联网为生活带来的便利。 2. 研究信息科技在气象站建设中的应用历程，探索科技如何助力气象监测与预报。	引导学生将信息科技、地理、物理知识整合起来，理解它们的关联。
子项目二：搭建简易传感器物联系统	提供阅读资料及讲解视频，并解答学生提出的问题。	1. 了解物联系统的工作原理，掌握在线数字气象站的工作原理及功能。 2. 小组合作探究，在校园内选定气象站的位置。	引导学生探究信息科技原理。
子项目三：收集数据（温度、湿度、风速等）	带领学生复习气压、温度、湿度等气象要素的基本概念。	1. 复习气压、温度、湿度等气象要素的基本概念。 2. 掌握气压、温度、湿度等气象要素的数据测量和收集的方法。	引导学生将地理、数学、信息科技知识融合起来学习探究。
子项目四：分析数据，设计数据可视化方案	选择一组较为完整的气象数据，演示数据可视化的不同形式(条形图、折线图、饼图)，并进行比较，带领学生感受不同数据可视化形式所表达的数据关系。	1. 了解数据处理的流程。 2. 思考不同数据可视化形式的优势与不足。 3. 小组合作，设计数据可视化方案。 4. 小组合作，制定"气象生活小贴士"方案。	教师与学生共同研讨项目方案。方案设计需要考虑不同阶段的项目任务与学科目标，如选择相应的场地、所需资源、实施步骤、达成结果等。

(续表)

项目环节	教师活动	学生活动	跨学科设计具体表现
子项目五：制作"气象生活小贴士"	1. 根据收集和分析的气象数据，指导学生制作实用的"气象生活小贴士"。 2. 提出制作"气象生活小贴士"的要求： （1）突出显示"气象生活小贴士"的标题，清晰呈现具体的贴士类型，合理选择字体与字号。 （2）突出显示"气象生活小贴士"的具体提示内容，避免被背景元素遮挡。 （3）图画与文字相结合，画面生动形象，文字设计言简意赅。 3. 引导学生探讨气候变化对地理环境的影响。	1. 小组成员制定个性化任务分工细则，完成"气象生活小贴士"。 2. 从部分地区的气候数据可视化分析中扩展讨论，探讨气候变化对地理环境的影响。	引导学生在规定时间内有序完成项目化学习。
作品评价	组织各小组展示"气象生活小贴士"，对每个小组的作品进行点评并提出修改建议。组织学生完成作品评价表，并完成教师评分。	1. 汇报人详细介绍本组"气象生活小贴士"的主题、适用人群与制作过程。 2. 对各小组作品进行评分，并指出优点与缺点。 3. 修改完善本小组作品，完成拓展任务，上传过程记录单与最终作品。	按照一定的评价标准对项目成果进行评价。在此过程中，学生可以通过观摩或评价其他小组的成果发现自身的问题。

三、导学单

气象生活小卫士项目导学单

项目名称	气象生活小卫士		
班级		姓名	
项目介绍			

本项目运用物联网技术制作在线数字气象站。

你是气象侦探小组的一名小侦探,气象侦探小组收到一项特殊任务:为即将举行的校园运动会设计详细的气象生活小贴士。这需要你深入理解气象知识,还要将这些知识巧妙应用到实际生活中。而这次任务的特别之处在于,侦探们将利用物联网技术搭建一个实时气象监测系统。该系统将通过传感器收集温度、湿度等关键气象数据,小侦探们可以利用这些数据预测运动会期间的天气状况,从而为参赛者和观众提供更精准的气象小贴士。

项目目标

1. 理解常见的数据可视化形式及其特点。根据活动需求合理选择数据可视化形式,设计数据可视化方案。
2. 了解万物互联的概念,查阅资料学习信息科技在气象站建设中的应用历程。
3. 了解传感器系统的基础知识及简单的搭建方式。
4. 选择适当的气象观测设备,收集学校的气象数据,如温度、湿度、风速等,并进行数据处理。
5. 小组合作探究,在校园内选择气象站位置,搭建数字气象站,并测试收集数据。

评价任务

1. 本次课程采取学生作品评价(占60%)和课堂观察评价(占40%)相结合的方式进行评价。通过教师和各小组的互评,评选出班级优秀作品。
2. 学生完成导学单。
3. 教师完成课堂观察表。

学习过程分课时设计

1. 课时1学习目标:
了解什么是万物互联,以及信息科技在气象站建设中的应用历程。
2. 课时1学习任务:
(1)倾听教师对项目的讲解,有疑问时举手提问。
(2)划分学习小组,以小组为单位,讨论项目内容,选择项目主题,并完成表3-2-2。(小组角色分工包括组长、记录员、发言人、编辑、美术设计等。)

表3-2-2 小组分工

姓名	角色及分工

(3) 小组讨论,确定完成项目框架的顺序,完成表3-2-3。

表3-2-3 小组讨论记录

发言人	发言内容
讨论结果 (项目框架)	

3. 课时2和课时3学习目标:
(1) 了解传感器系统的基础知识及简单的搭建方式。
(2) 搭建数字气象站。

4. 课时2和课时3学习任务:
(1) 了解物联系统的工作原理。掌握在线数字气象站的工作原理及功能。
(2) 通过小组合作探究,在校园内选定气象站的安装位置。

5. 课时4学习目标:
能够选择适当的气象观测设备,收集学校的气象数据,如温度、湿度、风速等,并对数据进行处理。

6. 课时4学习任务:
复习气压、温度、湿度等气象要素的基本概念。掌握气压、温度、湿度等气象要素的数据测量和收集方法。

7. 课时5学习目标:
能够根据活动需求,合理选择数据可视化形式,并设计数据可视化方案。

8.课时5学习任务：
(1)了解数据处理过程。
(2)设计数据可视化方案。
(3)制定"气象生活小贴士"方案。
9.课时6学习任务：
(1)完成"气象生活小贴士"。
(2)探讨气候变化对地理环境的影响。

评价与反思

完成作品评价表、课堂观察表。

四、项目实施过程性评价量表汇总

(1)气象生活小卫士项目作品评价表(表3-2-4)通过自评、互评、师评相结合的多元评价方式，从作品主题、科学性、艺术性、完整性四个方面评价小组作品，充分发挥评价的激励与反馈功能。

表3-2-4 气象生活小卫士项目作品评价表

指标体系	评价标准	得分
作品主题	主题突出，有创意，表现出一定的想象力。(20分)	
科学性	1.数据的时间和空间是一致的。(10分) 2.数据处理应遵循统一的规范和标准。(10分) 3.气象数据具有广泛的覆盖区域。(10分)	
艺术性	1.图文并茂，画面布局合理，色彩造型和谐。(10分) 2.画面美观，语言简洁，直观易懂。(10分)	
完整性	1.作品内容完整。(10分) 2.数据分析合理，数据来源多样。(10分) 3.方案内容完整，条理清晰。(10分)	
总分		

(2)气象生活小卫士项目课堂观察表(表3-2-5)从数据可视化、物联网创新、数据收集能力、小组合作和目标达成程度五个方面对学生行为表现进行评价。这能帮助教师准确观察学生在自主学习、问题解决、小组合作、目标达成等方面的行为表现与变化。

表3-2-5　气象生活小卫士项目课堂观察表

指标体系	评价标准	得分
数据可视化	1. 理解数据可视化的形式及其特点。(10分) 2. 能根据任务选择合理的数据可视化形式，自主使用数字化工具。(10分)	
物联网创新	1. 了解什么是万物互联。(10分) 2. 了解物联网的传感器系统，并能进行简单搭建。(10分)	
数据收集能力	1. 能够选择恰当的数据观测设备。(10分) 2. 能够合理地收集各种数据。(10分)	
小组合作	1. 小组成员都能积极参与讨论。(5分) 2. 小组内部有明确的分工安排。(5分) 3. 小组成员都能够主动参与作品制作过程。(5分) 4. 能够倾听其他小组的作品展示并提出问题。(5分)	
目标达成程度	1. 教学目标达成度高，且效果良好。(10分) 2. 学生展现的作品主题新颖、想法独特。(10分)	
总分		

案例3　智能旅游计划

一、项目说明

本案例围绕"智能旅游计划"展开，是信息技术与地理学科融合的跨学科主题学习活动，跨学科内容分析如表3-3-1所示。

学生通过本案例的学习，将深入理解数据科学、大数据及数据处理的相关知识，并将其运用于旅游计划的制订中。大数据技术能为旅游规划提供数据支持，帮助学生科学合理地制订旅游计划，实现学科知识的交叉应用。同时，学生将掌握旅游规划的基本方法，学会综合分析旅游目的地的地理特征，设计出符合预算且包含衣、食、住、行各方面的旅游攻略。

表3-3-1 智能旅游计划项目跨学科内容分析

学科	具体章节	学科内容分析
信息技术	人教版信息技术必修1：第一章第三节"数据科学与大数据"、第三章第一节"数据处理的一般过程"。	第一章第三节讲述了数据科学的兴起及大数据在社会各领域的应用，引导学生体验大数据对学习、生活和社会发展的影响，并感受大数据在社会变革中的作用。 第三章第一节介绍数据处理及其对日常生活的影响，帮助学生了解数据处理的一般过程，并通过数据处理获取有价值的信息。
地理	人教版地理选修3：第四章第一节"旅游规划"。	第四章第一节讲述旅游规划的重要性，引导学生学习如何对旅游景点、交通和服务设施做规划设计。

二、项目活动设计

（一）学习者特征

1. 一般特征

高一年级学生的思维活跃，具备一定的知识应用和迁移能力，以及假设、推理与演绎能力。他们对周围事物充满好奇，具有较强的学习动机，并对合作探究的跨学科主题学习活动表现出较高的参与热情。因此，教师在开展相关活动时，一方面要为学生提供具有挑战性的任务，另一方面要组织多种形式的学习活动以满足学生的学习需求。

2. 初始能力

该阶段学生通过初中信息科技课程的学习，已具备一定的计算机基础知识和使用经验，但大部分学生对于信息和大数据的理解不够深入。因此，教师在选择教学内容和目标时，应综合考虑内容的范围和难度。同时，应发挥不同学生的特长，采用"组内合作、组间竞争"的组织方式，有效发挥同伴的模范作用，激发学生的积极性，并据此合理安排活动。

3. 信息素养

学生具备一定的信息检索意识，但信息筛选、深度处理与分析能力不足，信息表达不够直观清晰。此外，他们在小组交流中的表达能力也有待提升。

（二）学科核心素养

1. 信息技术

信息意识：了解大数据在社会各领域的应用。认识数据科学和数据处理的基本概念，了解数据处理的一般过程，能通过数据处理获取有价值的信息。具备信息安全意识。

计算思维：按照问题解决方案，选用适当的数字化工具或方法获取、组织、分析数据，并能将其迁移到其他相关问题的解决过程中。

数字化学习与创新：在学习过程中，能够评估常用的数字化工具与资源，并根据需要合理选择。针对特定的学习任务，运用恰当的数字化学习策略管理学习过程与资源，完成任务，创作作品。

信息社会责任：感受大数据在社会变革中的作用，体验大数据对学习、生活和社会发展的影响。感受数据处理对日常生活的影响。

2. 地理

区域认知：通过分析旅游目的地的自然和人文地理特征，理解该区域的地理位置、自然环境、文化特色等独特属性，形成对区域的整体认知。

整体认知：运用地图和其他相关资料，整合多源信息，综合分析自然与人文要素之间的相互关系，从而全面理解旅游目的地的地理特征。

（三）教学重点和难点

1. 重点

掌握数据处理知识与旅游规划方法，并能运用大数据制订智能旅游计划。

2. 难点

实现信息技术与地理知识的深度融合，培养在复杂数据中挖掘有价值信息及跨学科解决实际问题的能力。

（四）教学准备

微课视频、旅游路线案例、大数据相关网址、思维导图制作软件、课堂互动学习平台、项目导学单。

（五）项目活动

本项目需4课时完成，项目活动准备阶段需要1课时，项目活动实施阶段需要2课时，项目活动总结阶段需要1课时。

1. 项目活动准备阶段

详见表3-3-2。

表3-3-2　智能旅游计划项目准备

教师活动	学生活动	教学媒体(资源)	跨学科设计具体表现
展示课前导入视频,并提出问题:什么是数据科学与大数据?	观看教师展示的视频,思考问题。	学习平台的视频、教师PPT、思维导图制作软件。	引导学生查阅资料、自主学习,逐步学会使用数字化工具表示知识结构。
借助PPT讲解本节中的概念性知识点,组织学生讨论数据对人们生活的影响。	在听教师讲解知识的同时,结合生活实际思考数据对生活的影响,并在班级中分享自己的观点。		
播放手工绘制思维导图的微课,并布置学习任务:自主学习使用软件绘制思维导图的方法,用知识结构图的方式呈现自己对"数据科学与大数据"的理解。	学会使用软件绘制思维导图,总结"数据科学与大数据"的关系,并用知识结构图的方式呈现。		
引出项目研究主题,介绍项目研究目标、研究过程、评价标准和成果展示方法等。	了解项目的基本情况,明确本章项目活动的内容和相关要求。		分析旅游计划中"数据和信息"的关系,并用数字化工具表示知识结构,形成"信息技术+地理"跨学科的学习思路。
为学生展示一份旅游计划案例,组织学生分析其特点。展示大数据网站,讲解如何应用大数据网站。	分析教师展示的旅游计划,并将提取到的信息绘制成思维导图。		
根据佐藤学的合作学习分组原则,男女混合,每组4人。	组内确定分工。		

93

2. 项目活动实施阶段

详见表3-3-3。

表3-3-3 智能旅游计划项目实施

教师活动	学生活动	教学媒体(资源)	跨学科设计具体表现
借助PPT展示旅游的照片,创设情境,导入课题:在节假日,我们通常会选择外出旅行。那么,如何制订一份人均预算3000元的旅游计划?	确定各组的目的地和成果形式。头脑风暴讨论旅行中需要考虑的衣食住行各个方面。组内交流讨论,汇总出一份思维导图。	参考网址、图片、案例资源、教学PPT和相关视频。	1. 以实际生活情景导入本项目,引导学生通过思考与讨论交流,得出解决问题的方案,以便下一步进行实践操作。 2. 不断帮助学生完善项目成果,引导他们从自然地理和人文地理两个方面思考旅游计划的制订与地理学科的紧密联系。
提供项目活动支架,展示一些旅游案例,引导学生收集资料,将上一课时所学知识与项目结合起来。	1. 搜集、整理、归纳适合不一样旅游需求的旅游线路,总结旅游线路设计的基础要素。 2. 自学旅游线路设计规范和步骤,正确设计符合需求的当地旅游线路。		
组织学生讨论分析,制订计划。	各小组讨论采用何种形式呈现旅游攻略,如表格、图文叙述、手绘地图或者录制与旅游攻略相关的视频。		
组织学生优化改进方案。	各小组利用教师提供的参考网站资源,搜索相关信息,验证设计的旅游计划的可行性,并思考优化改进内容。		
组织各小组展示方案,并进行互相评价。	各小组展示制订的旅游计划。展示结束后,全班同学交流,完成评价。		

3. 项目活动总结阶段

详见表3-3-4。

表3-3-4　智能旅游计划项目总结

教师活动	学生活动	教学媒体(资源)	跨学科设计具体表现
对每个小组的作品进行总体评价,并提出建设性意见。 将项目的过程抽象出来,引出数据处理的概念以及数据处理的一般过程,融合地理学科知识,提升学生对知识的应用能力。	反思自己的作品,并根据教师的反馈对作品进行完善和修改。 开展班级讨论,分享各自对制订旅游计划的想法。	教学PPT。	借助作品评价量表,开展小组自评和互评,教师参与评价,帮助学生完善项目活动的实施策略,认识项目活动的成效。

三、导学单

智能旅游计划项目导学单

项目名称	智能旅游计划		
学校		学科/年级	信息技术/高一
项目介绍			

本项目围绕"智能旅游计划"展开,是信息技术与地理学科融合的跨学科主题学习活动。通过本项目的学习,学生将深入理解数据科学、大数据以及数据处理的相关知识,并应用到旅游计划的制订中。同时,学生也能够掌握旅游规划的基本方法,学会综合分析旅游目的地的地理特征,设计出符合预算且包含衣食住行各方面的旅游攻略。

项目目标

1. 信息技术:

信息意识:了解大数据在社会各领域的应用。认识数据科学和数据处理的基本概念,了解数据处理的一般过程,能通过数据处理获取有价值的信息。具备信息安全意识。

计算思维:按照问题解决方案,选用适当的数字化工具或方法获取、组织、分析数据,并能将其迁移到其他相关问题的解决过程中。

数字化学习与创新:在学习过程中,能够评估常用的数字化工具与资源,并根据需要合理选择。针对特定的学习任务,运用恰当的数字化学习策略管理学习过程与资源,完成任务,创作作品。

信息社会责任:感受大数据在社会变革中的作用,体验大数据对学习、生活和社会发展的影响。感受数据处理对日常生活的影响。

2.地理:

区域认知:通过分析旅游目的地的自然和人文地理特征,理解该区域的地理位置、自然环境、文化特色等独特属性,形成对区域的整体认知。

整体认知:运用地图和其他相关资料,整合多源信息,综合分析自然与人文要素之间的相互关系,从而全面理解旅游目的地的地理特征。

评价任务

1. 采取总结性评价、过程性评价相结合的方式进行评价。通过教师评价和各小组互评评选出班级优秀作品。

2. 学生完成导学单。

学习过程分课时设计

1. 课时1:项目活动准备阶段。

(1) 建立合作学习小组,确定组长,明确团队分工。

(2) 运用专业思维导图软件,系统梳理"数据科学与大数据"的层级关系与转化机制,构建知识体系框架图。

(3) 完成教师通过课堂平台发布的限时测试任务,评估自身前期知识储备。

(4) 参考教师提供的示范性旅游计划,开展案例分析,运用思维导图工具进行信息解构与可视化呈现。

2. 课时2—课时3:项目活动实施阶段。

(1) 任务启动。

- 明确任务:在3000元预算内制订个性化旅游方案。
- 确定研究主题:各小组选定目的地,明确成果的呈现形式。
- 方案设计:运用思维导图工具,系统规划旅游要素(交通、住宿、餐饮、景点等)。
- 头脑风暴:组内开展多维度讨论,优化方案设计。

(2) 数据采集与处理。

- 多渠道收集旅游线路信息,建立分类数据库。
- 分析不同旅游需求特征,提炼线路设计核心要素。
- 掌握旅游线路设计规范,制定科学的设计流程。

(3) 数据可视化呈现。

- 小组讨论确定最佳展示形式(如图表、图文报告、手绘地图、视频等)。
- 运用可视化工具,将数据直观地表达出来。

(4) 方案实施与优化。

- 利用互联网资源进行信息检索与验证。

- 评估方案可行性,建立持续改进机制。
（5）小组展示完整旅游方案,在班级中开展多维度互评与教师点评,小组记录反馈意见,完善方案设计。
（6）项目总结。
- 系统梳理学习收获。
- 反思项目实施过程。
- 形成完整的项目报告。
3. 课时4:项目活动总结阶段。
（1）开展自我评估与反思。
（2）根据教师反馈意见优化方案。
（3）完善项目成果,形成最终版本。
（4）总结学习经验,提升实践能力。

评价与反思

完成总结性量表和过程性量表。

四、项目实施过程性评价量表汇总

（1）通过多维度设计,智能旅游计划项目总结性量表（表3-3-5）旨在全面评估学生在项目化学习中的表现,促进其在知识、能力和态度方面的综合发展,提升跨学科学习能力和信息素养。通过分级评价和多元评价方式,量表为学生提供明确的改进方向,帮助他们在学习过程中不断进步。

表3-3-5　智能旅游计划项目总结性量表

姓名						组别	
评价维度		评价等级				评价方式	得分
主维度	子维度	起步 (10分)	发展中 (20分)	完成 (30分)	典范 (40分)	自评(0.3) 互评(0.3) 师评(0.4)	
基础知识	学科知识理解	注意活动中讲解的各学科知识,并简单记录。	听懂活动中讲解的各学科知识,并分类整理。	适应各学科的知识讲解进度,并建立同一学科下的知识关联。	自主构建独立学科的知识体系。		

(续表)

评价维度		评价等级				评价方式	得分
主维度	子维度	起步 (10分)	发展中 (20分)	完成 (30分)	典范 (40分)	自评(0.3) 互评(0.3) 师评(0.4)	
操作创意	工具操作	模仿他人或产品说明,使用软硬件工具进行活动。	能正常使用软硬件工具开展活动。	熟练使用软硬件工具开展活动。	合规使用软硬件工具开展活动。		
	创意成果	模仿已有案例仿制成果。	添加少量灵感元素,仿制成果。	添加一些灵感元素,创造区别于已有案例的成果。	添加大量灵感元素,创造区别于已有案例的成果。		
合作学习	小组合作	在同伴的帮助下,个人能完成所属任务。	根据个人情况,承担适合的任务,正常参与小组活动。	高效完成任务的同时,能协助同伴,并在小组活动中提供有价值或可行的想法或成果。	高效完成任务的同时,能指导同伴,并在小组活动中提出建设性的想法或成果。		
	班级交流	倾听他人的建议与意见。	理解他人的建议与意见,面对询问能够正常回答。	采纳他人的建议与意见,能对他人成果进行评价并交换观点。	筛选他人的建议与意见时,能在评价与交换观点时,比对择优。		
信息素养	信息意识	对信息价值具备感受力。	能持久关注特定信息,挖掘信息潜力。	具有利用信息为课堂学习服务的意识。	具有利用信息开展终身学习的意识。		
	信息科学	了解信息活动流程。	理解计算机中信息活动的常见方式。	形成个人的信息活动模式。	形成适应其他情境的信息活动模式。		

（续表）

评价维度		评价等级				评价方式	得分
主维度	子维度	起步(10分)	发展中(20分)	完成(30分)	典范(40分)	自评(0.3) 互评(0.3) 师评(0.4)	
	信息应用	从单一渠道收集单一类型的少量信息，处理并呈现少量信息。	从单一渠道收集多类型的信息，处理并呈现较多信息。	从多渠道收集类型丰富的信息，能够处理并呈现大量信息。	分析不同渠道的信息优势，收集有价值的信息，能够高效处理并清晰美观地呈现。		
问题解决	单学科问题解决	在他人提示下，解决特定学科的问题。	借助参考材料，自主解决特定学科的问题。	自主采用合适的方法，解决特定学科的问题。	能融合其他学科知识，解决特定学科的问题。		
	跨学科问题解决	模仿已有作品解决跨学科问题。	在他人提示下，能够解决跨学科的问题。	自主采用合适的方法，解决跨学科的问题。	积极思考，能利用多样化方法，解决跨学科的问题。		
跨学科态度	跨学科感知态度	愿意通过活动内容预测所跨学科的门类。	愿意通过活动内容预测所跨学科间可能存在的相关概念。	愿意通过活动内容预测所跨学科间概念存在的相互关系。	愿意通过活动内容深入探讨跨学科概念之间的相互关系。		
	跨学科倾向态度	愿意参加跨学科学习，并能利用数字化手段开展活动。	认为跨学科学习增强了分科学习的兴趣，并喜欢利用数字化手段开展活动。	愿意从跨学科角度分析分科学习内容，喜欢用数字化手段开展活动。	愿意从跨学科角度分析学习和生活中的问题，习惯用数字化手段开展活动。		
结语						总分	

（2）智能旅游计划项目过程性量表(表3-3-6)通过多维度的细致评价,全面、客观地衡量项目参与者在项目实践、课堂学习以及技能应用方面的水平。这有助于教师评价学生是否积极参与课堂,从而制定个性化指导策略,提高教学质量。同时,这也为学生提供清晰的自我认知,帮助他们明确自身的优势与不足,助力其针对性地改进和提升。

表3-3-6　智能旅游计划项目过程性量表

项目评价	评价等级		
	继续努力C	良好B	优秀A
项目活动参与度	不主动参与小组活动,只关注分配的任务。	主动参与小组讨论,关注小组项目活动进度。	积极参与小组讨论全过程,主动与小组成员交流,关注小组项目活动进度,并积极提出建设性意见。
课堂学习参与度	能够理解课本上的知识点,但没有认真预习教师提供的电子资源。	能够预习本节课的理论知识,上课认真听讲,并完成随堂练习。	能够利用教师提供的电子资源预习知识,并主动寻找其他资源了解本节课的知识点。上课时能认真听讲,并主动联系实际生活进行思考与讨论。
软硬件使用熟练程度	不能独立完成任务,需要参考相关书籍或已有案例。	能自主完成任务,但在遇到问题时,未能及时解决。	能自主完成任务,在制作过程中有自己创新的想法,遇到问题时能自主解决。

第四章
促进深度学习的项目化学习案例

1976年,瑞典教育家弗伦斯·马顿和罗杰·萨尔乔在《学习的本质区别:结果和过程》一文中首次提出"深度学习"这一概念。他们在布鲁姆对认知学习目标分类的基础上,创造性地提出深度学习,深入研究深度学习的本质特征、学习发生条件、概念内涵、教学方式和影响因素等方面。

我国较早介绍深度学习的学者是何玲、黎加厚。他们在《促进学生深度学习》一文中详细阐释了布鲁姆的教育目标分类学,分析深度学习和浅层学习的认知水平层次,并给出深度学习的概念。该概念得到学术界的普遍认可。他们认为,深度学习是一种基于理解的学习方式,学习者能够批判性地学习新的思想和事实,并将其融入原有的认知结构中。通过这种学习方式,学习者能在众多思想间建立联系,并将已有知识迁移到新的情境中来做决策和解决问题[1]。何玲、黎加厚给出了深度学习和浅层学习的特点对比。浅层学习主要是对知识进行简单描述和短时记忆,不善于掌握知识并长期记忆,也不会融会贯通地运用知识,是被动的学习方式,学习认知仅停留在"知道、领会"的浅层水平。而"应用、分析、综合、评价"等高级认知层次则属于深度学习,侧重对知识的迁移与应用。

郭华在《深度学习及其意义》一文中提出:所谓深度学习,是指在教师引领下,学生围绕具有挑战性的学习主题,全身心积极参与、体验成功、获得发展的有意义的学习过程[2]。张浩和吴秀娟认为深度学习是一种主动的、批判性的学习

---

[1] 何玲,黎加厚.促进学生深度学习[J].现代教学,2005(5):29-30.
[2] 郭华.深度学习及其意义[J].课程.教材.教法,2016,36(11):25-32.

方式,也是实现有意义学习的有效方式[1]。

因此,本书认为,深度学习能够使学生对学科产生浓厚的兴趣,以积极主动的态度获取知识,主动构建新旧知识之间的关联。同时,他们能够批判性地思考问题,形成自己独特的知识体系。此外,在学习过程中,他们还会提高自身的合作与沟通能力,实现知识的有效迁移,从而解决实际生活中的问题,并在整个学习过程中及时反思和调整。

项目化学习是促进学生深度学习的有效途径。项目化学习通常将学习内容置于真实的、复杂的情境中,使学生面对具体的问题或任务,这与深度学习所强调的在真实情境中解决问题的理念相契合。项目化学习要求学生主动参与、自主探究。在此过程中,学生需要自己收集资料、分析问题,尝试不同的解决方案。这种主动学习的方式能够激发学生的学习兴趣和内在动力,促使他们深入挖掘知识。此外,项目往往涉及多个学科领域的知识和技能,学生需要将不同学科的知识进行整合和运用。这有助于学生建立知识之间的联系,形成更完整的知识体系,实现深度学习。在项目化学习过程中,学生需要进行分析、评价、创造等高阶思维活动,提出自己的观点和解决方案,并不断优化和完善方案,从而锻炼批判性思维和创新能力,这都能促进学生深度学习。

深度学习是项目化学习的目标追求。项目化学习不仅仅是让学生完成一个项目任务,更重要的是使学生对知识有更深入的理解和掌握。深度学习强调对知识的深度理解、长期记忆和灵活运用,注重培养学生的自主学习能力、问题解决能力和创新能力等,这正是项目化学习所期望达到的效果。在项目化学习中,学生以深度学习为目标,不断挑战自己,超越表层学习,深入探究问题本质,追求对知识的深度理解和综合运用,从而提升学习的品质和层次。项目化学习以深度学习为导向,能够更有效地促进学生核心素养的提升,使学生在项目实践中不仅获得知识和技能,还能培养团队合作精神、社会责任感等素养,为学生的未来发展奠定坚实基础。

本章选取三个促进深度学习的项目化学习案例供读者参考。

---

[1] 张浩,吴秀娟.深度学习的内涵及认知理论基础探析[J].中国电化教育,2012(10):7-11,21.

案例1　制订旅行计划，领略祖国河山
——互联网信息搜索与整理

一、项目说明

本案例选自《义务教育信息科技课程标准（2022年版）》七年级"互联网应用与创新"模块的"互联网及其影响"部分，内容涉及使用互联网制订为期三天的旅行计划。作为该模块的第一部分，"互联网及其影响"旨在引导学生从小学阶段"使用互联网"的工具层面，向初中阶段"理解互联网"的科学层面转变。

本案例围绕互联网信息的搜索、鉴别、下载与管理、编辑、交流等数字化学习过程展开。学生将经历分析学习任务、利用互联网获取资源、利用简单的数字化工具完成作品设计与创作的全过程。整个学习过程有助于学生提升对信息价值的判断能力，增强利用数字化工具和资源解决问题的能力，同时帮助学生认识互联网对人们学习和生活的影响，以及互联网对社会发展所带来的创新价值和潜力。

二、项目活动设计

（一）学习者特征

1. 一般特征

七年级学生的思维能力逐渐成熟，抽象逻辑思维、辩证思维和创造思维都较小学阶段有了显著提升。他们的注意力也有所增强，但在面对呆板、枯燥、机械的教学和操作内容时，容易因感到厌烦而分散注意力。

2. 初始能力

学生可以利用互联网获取资源，认识互联网给人们学习和生活带来的影响。然而，他们对信息价值的判断能力一般，利用简单的数字化工具完成作品设计与创作方面的能力也不足。

(二) 学科核心素养

1. 信息意识

主动学习互联网知识。能系统分析信息需求,并根据实际需要,有效、安全和负责任地利用互联网搜索相关信息及资源。

2. 计算思维

熟悉网络平台中的技术工具、软件系统的功能与应用。具备利用互联网基础设施和计算思维的方法解决学习、生活中各种问题的能力。知道信息加工、处理的过程与方法。

3. 数字化学习与创新

根据学习需要,能够在互联网上交流、共享、贡献有价值的信息。掌握多种数字化学习工具,能够利用工具获取、评价、加工、处理、管理学习资源。

4. 信息社会责任

搜索、获取、使用、传播信息时注重对原作者知识产权的保护,尊重他人的知识产权,合法引用他人作品。能够评估信息来源,有效辨别信息真伪和时效性。

(三) 教学重点和难点

1. 重点

根据需要利用搜索引擎获取信息,提高自主学习能力。

2. 难点

能利用合适的工具存储获取的信息,使用合理的方法整理信息,解决实际问题。了解在线协作工具,能使用在线协作文档进行合作学习,提升学习效率。

(四) 教学内容分析

详见表4-1-1和图4-1-1。

表4-1-1 制订旅行计划教学内容分析

课时	项目分解	具体表现
1	了解旅行目的地	梳理影响出行的因素,知道提取搜索关键词的原则,用思维导图展示旅行目的地的关键信息。
1	规划适合的旅行线路	体会不同搜索结果,总结高效的搜索方法,利用搜索解决实际问题。

(续表)

课时	项目分解	具体表现
1	确定具体行程安排	分析旅途中衣、食、住、行等方面可能遇到的问题。选择合适的在线旅游平台或者应用程序搜索信息,与对应的官方平台信息进行对比,验证信息真伪及优惠力度,确定基本行程安排。搜索景点图片以及利用工具整理信息。
1	完善旅行计划	基于项目实际情况,搜索整理信息,从多方面探究并总结旅行前应储备的安全知识,完善旅行计划,对其进行展示与评价,并在课后进行反思。

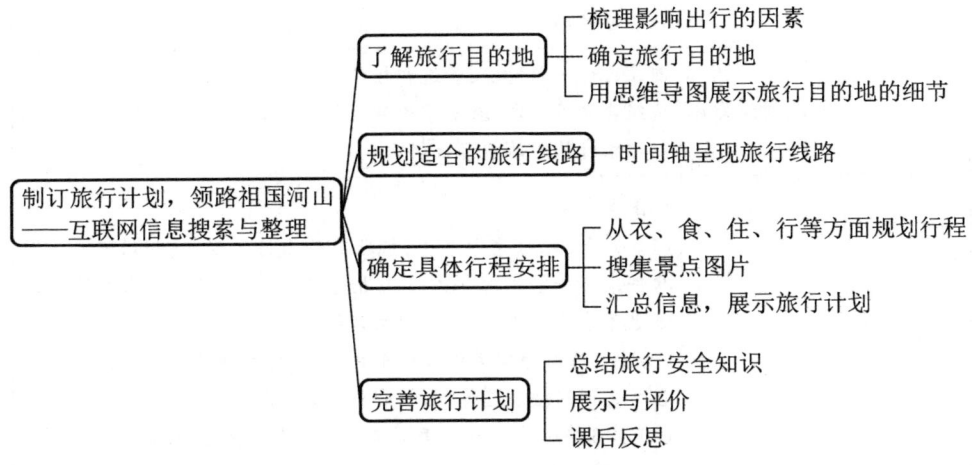

图 4-1-1　制订旅行计划活动内容

(五) 项目活动设计

详见表 4-1-2。

表 4-1-2　制订旅行计划项目活动设计

教学流程	教学策略	深度学习活动设计具体表现
单元概览	单元学习策略	基于核心素养的内容设计细节(图4-1-1)。 确立培养高阶思维的学习目标。 1. 课程标准要求: (1) 通过在线活动,分析互联网应用的特征,认识到互联网对社会发展的创新价值和潜力。

(续表)

教学流程	教学策略	深度学习活动设计具体表现
		(2)能够根据学习和交流的需要,使用互联网搜索、遴选、管理并贡献有价值的数据和资源,能够创建具有特色的作品。 2. 单元目标: (1)通过制订旅行计划,提高发现问题、分析问题、解决问题的能力。 (2)根据需要,利用搜索引擎获取信息,提高自主学习能力。 (3)能利用合适的工具存储获取的信息,并使用合理的方法整理信息,解决实际问题。 (4)了解在线协作工具,能使用在线协作文档进行合作学习,提升学习效率。
	情境创设策略	创设良好问题情境,营造积极学习氛围。 从经典名著出发,激发学生领略祖国大好河山的热情,调动他们制订旅行计划的学习兴趣。
单元学习过程	支架策略	1. 图表支架: (1)在第1课时导学单中,梳理影响出行的因素,利用思维导图软件或者手绘思维导图方式进行描述,并确定最终目的地。通过思维导图的绘制,促进学生开展主动学习。 (2)第2课时导学单以表格形式,引导学生对比输入不同搜索内容所得到的结果差异,从而分析高效的搜索方法。 (3)第3课时导学单以表格形式,引导学生分析旅途中衣、食、住、行等方面可能遇到的问题。 2. 范例支架: (1)第1课时导学单提供展示旅行目的细节的思维导图样例,供学生参考。 (2)提供多样化的作品样例供学生参考。 3. 问题支架: (1)在第1课时导学单中,为了让学生体会在搜索过程中关键词的作用,提出问题,引导学生总结搜索技巧。 (2)在第2课时导学单中,为了让学生熟悉快速、准确搜索的方法,提出问题,引导学生思考如何从数千乃至数百万个结果中快速找到所需要的准确信息。
	K-W-L策略	回忆"K":带领学生回忆上节课的知识,建立新旧知识之间的联系。

(续表)

教学流程	教学策略	深度学习活动设计具体表现
测评反思阶段		激发"W":梳理影响出行的因素,确定旅行目的地,安排旅行线路,规划旅行行程。 加强"L":使用演示文稿或者视频等工具展示作品。
	多元主体学习评价策略	(1) 在制订一份较为完备的旅行计划后,要考虑旅途中可能遇到的安全问题。利用本单元所学内容,基于项目实际情况,搜索与整理信息,从多方面探究并总结旅行前应储备的安全知识,完善旅行计划。 (2) 教师、同学和学生本人共同评价最终作品。
	关联、转化、反思策略	画出本项目学习的概念图,或写下自己需要求助的困惑,或分享学习策略等。

三、导学单

制订旅行计划项目导学单

项目名称	制订旅行计划,领略祖国河山 ——互联网信息搜索与整理		设计者	
学校		学科	信息科技	年级	七年级

一、你愿意接受挑战吗?

览物之情,得无异乎?——范仲淹《岳阳楼记》

许多经典名著或语文课文中都有对祖国大好河山的描述,你是否想去实地看看?让我们一起制订旅行计划,在读万卷书的同时行万里路,走进文化古迹,感受名人故事,领略祖国的大好河山。

对于长距离、多地域的旅行,制订合理的旅行计划尤为重要。本项目要求小组共同制订一个为期三天的国内旅行计划。

二、给你支招

1. 搜索引擎是人们获取信息的主要途径之一。为了快速、准确地找到所需内容,首先要了解如何提取关键词,然后从搜索修饰符、搜索命令、垂直搜索和图片搜索四个方面深入了解搜索技巧,提高解决实际生活问题的效率和能力。

2. 在实施过程中,小组共享获取的信息,使用在线协作文档整理内容,并分享至共享空间,以提升自主学习和合作学习能力。

第1课时导学单

项目名称	制订旅行计划,领略祖国河山 ——互联网信息搜索与整理	第1课时名称	了解旅行目的地 ——提取关键词

1. 课时目标:
(1) 知道关键词在搜索过程中的作用。
(2) 学会使用恰当的关键词解决实际搜索问题。
(3) 体会关键词在思维导图中的运用。

2. 学习过程:
制订旅行计划的第一步是确定旅行目的地。

当你试图使用搜索引擎回答某个问题时,你会把问题直接输入搜索框吗?如果问题比较复杂,你是否需要将它描述得更详细,以便快速、准确地找到有价值的信息?让我们带着这些问题开始本次任务吧!

• 环节1:梳理影响出行的因素

为了制订一份合理的计划,首先需要确定旅行目的地。请与小组成员讨论哪些因素可能影响旅行目的地的选择。

同时,还需要确定旅行人群、旅行时间及相关预算等因素。请各组同学利用思维导图软件或者手绘思维导图的方式整理上述影响因素,并确定最终目的地。

计划旅行几天及旅行日期可以提取一级关键词"旅行时间",二级关键词"计划游玩时间"和"计划游玩日期",如图4-1-2所示。其他因素也可以使用类似方法进行归纳和提炼,以便更清晰地展示本组的思路。

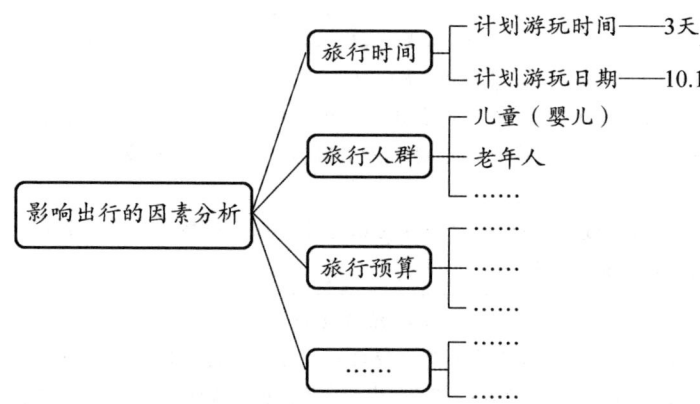

图4-1-2 影响出行的因素分析思维导图

• 环节2:提取关键词的原则

我们可以利用搜索引擎确定旅行目的地。分别尝试输入口语化描述和关键词描述获取解决方案,如"我应该怎样确定旅行目的地呢?"和"确定旅行目的地的方法",对比搜索结果,分析提取关键词的作用。

我们也可以利用搜索引擎解决北京红色旅游景点推荐的问题,分别输入不同关键词(包括关键词的内容和数量),如"红色 旅行 景点""北京 红色 旅行""北京 红色 旅行 景点""北京 红色 旅行 景点 推荐",对比搜索结果,分析关键词提取的原则(内容要点、数量等)与搜索结果的关系。

总结分析结果。

若要利用搜索引擎快速、准确地找到所需内容,提取关键词是核心。关键词代表了所研究问题的主要思想,提取关键词的原则如下。

(1)要用关键词代替口语化的句子描述。

(2)关键词可以在搜索过程中依据搜索内容而改变。关键词一般使用陈述句或词语,关键词的数量不能决定搜索结果,准确提取关键词是关键。

(3)关键词尽量使用书面用语,避免输入口语或方言等。

• 环节3:用思维导图展示旅行目的地细节

解决问题时,最佳做法是先分析问题,挖掘问题本质,然后提取关键词,利用搜索引擎获取结果。如果搜索结果不是所需信息,则要重新分析问题,修正关键词,筛选搜索结果,以达到优化的目的。

关键词在思维导图中同样具有重要地位。在思维导图的主干和支干上的文字实际上就是关键词。将这些关键词按照层级关系排列,可以快速了解事情的概要。

确定了旅行目的地后,我们将利用搜索引擎了解当地的历史文化、民风习俗和人文景观。小组可以使用协同写作文档编辑汇总信息,并利用思维导图等工具整理信息进行展示、分享,可参考图4-1-3。

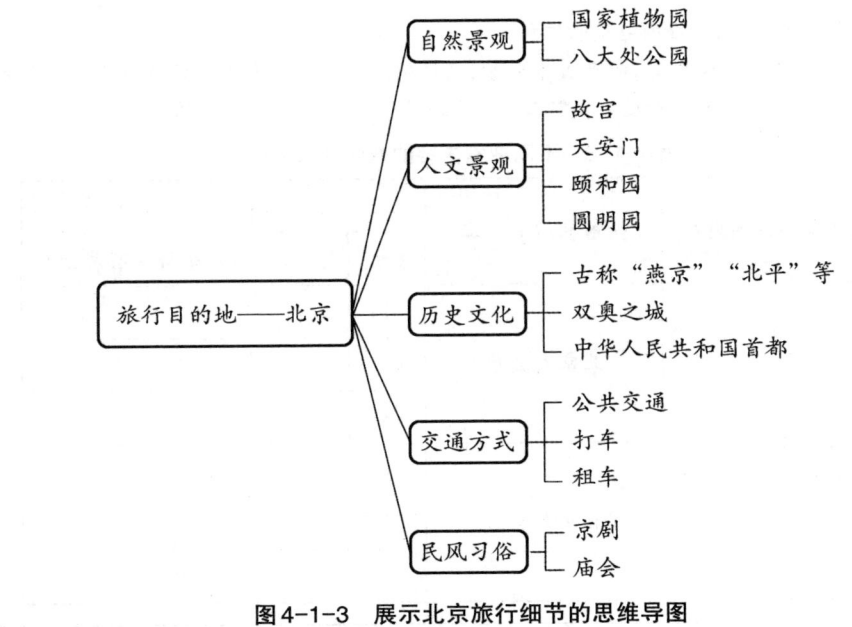

图4-1-3 展示北京旅行细节的思维导图

3.作业与检测:
利用搜索引擎解答以下问题。
(1) 2€ =( )¥
(2) 解答此题用时:_____
(3) 展示你解决此题的过程:_____
4.学后反思:
总结本次任务的收获。

第2课时导学单

项目名称	制订旅行计划,领略祖国河山 ——互联网信息搜索与整理	第2课时名称	规划适合的旅行线路 ——关键词使用技巧

1.课时目标:
(1) 了解搜索修饰符和常见的搜索命令。
(2) 熟悉快速、准确的搜索方法,提高解决问题的效率。
(3) 体验精准搜索与普通搜索的区别和联系。
2.学习过程:
搜索引擎已经成为人们学习和生活的重要工具。在实际搜索中,许多查询会返回数千乃至数百万个结果,如何从中快速找到所需的准确信息是关键问题。提升搜索技能可以帮助我们快速、准确地获取所需信息。
• 环节1:如何快速、准确地获取信息
请选择一种网页浏览器,打开搜索引擎,通过输入不同的搜索内容尝试解决同一个问题。参考表4-1-3,从两个维度对比前三条搜索结果,分析搜索结果不同的原因。

表4-1-3 不同搜索内容的搜索结果分析

需要解决的问题	输入的搜索内容	前三条搜索结果分析		
		序号	是否为广告	是否为有用信息
搜索名为"北京大酒店"的相关信息	北京大酒店	(1)		
		(2)		
		(3)		
	"北京大酒店"	(1)		
		(2)		
		(3)		

(续表)

需要解决的问题	输入的搜索内容	前三条搜索结果分析		
		序号	是否为广告	是否为有用信息
搜索国家博物馆的图文介绍	国家博物馆	(1)		
		(2)		
		(3)		
	国家博物馆 filetype:PDF	(1)		
		(2)		
		(3)		
	Intitle:国家博物馆 filetype:PDF	(1)		
		(2)		
		(3)		

请思考以下问题。

(1) 不同搜索内容的结果是否相同？

(2) 通过哪种搜索方法可以最快获取所需结果？

(3) 请分析搜索结果，简单总结几点自己的想法。

• 总结搜索方法

在互联网搜索引擎中输入关键词时，可以使用修饰符限定搜索范围，也可以使用搜索命令限制搜索内容。如果能够恰到好处地使用互联网搜索引擎，将大大提高信息检索的效率。

(1) 常见的关键词修饰符如表4-1-4所示。

表4-1-4　关键词修饰符用法

名称	用法
同时包括多个关键词（逻辑与）	关键词1+（或者空格）关键词2
包含多个关键词之一（逻辑或）	关键词1｜（或者OR）关键词2
删除不必要关键词（逻辑非）	关键词1-关键词2
使用通配符(*)替代单词、短语或文字	前部分关键词*后部分关键词
完全匹配	"关键词"或者《关键词》

(2) 常见的搜索命令用法如表4-1-5所示。

表4-1-5 搜索命令用法

名称	用法
在特定网站查找	（关键词）site:（网站）
在网络地址中查找	（关键词）inurl:（字段）
搜索与域名类型相似网站	（关键词）related:（域名）
搜索指定类型的文档	（关键词）filetype:（文件类型）
限定搜索结果的时间范围	（关键词）时间点1.时间点2
限定网页标题	intitle:（关键词）
关键词定义	define:（关键词）
与关键词同类事物比较	（关键词）vs

(3) 搜索引擎通常包括垂直搜索功能，如图片、资讯、视频、文库、地图等，如图4-1-4所示。通过垂直搜索可以得到相应领域的搜索结果。

图4-1-4 搜索界面

- 环节2：利用搜索技巧解决实际问题

小组讨论从出发地到目的地的整体规划，以半天一个景点为例，利用地图等垂直搜索方式，合理规划三天的具体行程，填写以下行程规划。

始发地：_____

目的地：_____

途经地（按照行程顺序）：_____

选择交通工具：_____

小组成员在线合作完成任务，分组汇报。

3. 作业与检测：

区块链是一种存储方式，能够提高数据安全性，已在金融等领域被广泛应用。搜索关于"区块链技术应用"的文档。你认为以下哪种输入能精确地获取结果？思考有没有更好的搜索方式。

(1) 区块链的技术应用 filetype:doc

(2) "区块链"AND（"技术"OR"应用"）

(搜索本身是一个不断实践、优化的过程,根据搜索的结果可以实时调整,挖掘更适合的搜索方式。)

你的搜索方式:_____

4.学后反思:

在阅读、评价完大家的作品后,总结本次任务的收获。

第3课时导学单

项目名称	制订旅行计划,领略祖国河山 ——互联网信息搜索与整理	第3课时名称	整理信息,计划行程 ——巧用图片搜索

1.课时目标:

(1)能从信息源的角度判断各种信息的真伪。

(2)熟练运用图片搜索技巧。

(3)能整理并分享信息。

2.学习过程:

旅行路线已经规划好,该制订衣、食、住、行各方面的具体计划了!

在制订这个旅行计划时,团队里每个人都是不可或缺的个体。小组成员要团结合作、合理分工,在有限的时间内提炼恰当的关键词,使用搜索引擎获取有价值的信息,最后整理结论,解决问题。

• 环节1:寻根溯源,做信息"侦探"

小组利用搜索引擎,通过在线协同编辑文档的方式,共同分析旅途中衣、食、住、行等方面可能遇到的问题。选择合适的在线旅游平台或者应用程序搜索信息,并与对应的官方平台信息进行比对,验证信息真伪及优惠力度,确定基本行程安排,完成表4-1-6。

表4-1-6 行程安排

事项	可能遇到的问题	在线旅游平台 或应用程序	基本行程规划	官方平台 (如果有,请对比)
衣	天气情况			
	民风民俗			
食	特色美食品种			
	必去餐饮地点			

(续表)

事项	可能遇到的问题	在线旅游平台或应用程序	基本行程规划	官方平台（如果有,请对比）
住	住宿的时间			
	住宿的地点			
行	车票/机票的预订（自驾游不需要）			中国铁路12306官网、各航空公司网站
	景点门票的预订			景点官方网站

通过以上分析过程,小组整理出一份旅行必备移动端软件清单,在出发之前安装到移动设备上,以应对旅途中的突发状况。

移动端软件清单:＿＿＿＿＿＿＿＿＿＿＿＿＿＿＿＿

针对如何收集真实、可靠的信息,说说你的想法。

我的想法:＿＿＿＿＿＿＿＿＿＿＿＿＿＿＿＿＿＿＿

- 环节2:搜索景点图片

图片搜索是搜索中不可或缺的部分。我们既可以以图搜图,从而得到更符合需求的图片;也可以以图搜文,获取图片的原始出处。

以图搜图是指用图片来匹配相似的其他图片,以得到高质量无水印的图片。此外,该功能也可以帮助我们获取图片的来源、追踪该图片在网络上的传播轨迹。

以图搜文是一种通过上传图片发出搜索请求,查找包含相关信息的搜索工具。我们可以从这些结果中找到这张图片的网站链接和相关介绍,也可以利用这些信息修改关键词,获取更可靠的信息。

小组分工合作,搜索旅行目的地的景点图片(每个景点至少有一张高质量图片,必要时可以借助图像处理工具),将最终确定的图片以旅行时间编号,并以景点名称命名后上传到小组共享空间。

- 环节3:利用工具整理信息

互联网搜索引擎已经帮助我们搜集了大量信息。各小组分工合作,按照以下步骤整理信息,并利用演示文稿或者视频等工具展示作品。

步骤1:分析信息,判断能否解决实际问题。

步骤2:依据能解决的具体问题,将信息分类归档后汇总。

步骤3:小组间交流合作、共享信息,完善本组项目实施内容。

3. 作业与检测:

在搜索图片时,你可能会遇到所需的图片带有水印等情况。这种情况可以利用搜索引擎进行以图搜图。常规的图片搜索是利用关键词搜索互联网上相关的图片资源,而识图平台则能通过上传图片或输入图片的网络地址搜索与这张图片相似的其他图片,同时也能找到这张图片的相关信息。

以下是以图搜图的关键步骤,请你排序,并在计算机上进行尝试。

(1) 利用垂直搜索中的"图片"搜索,找到满足需求的图片(可能含水印等多余标记)。
(2) 将图片上传至识图平台,获取相似图片,找到满足需求的图片(无多余标记)。
(3) 打开搜索引擎,输入关键词。
(4) 下载图片并保存至计算机桌面。
(5) 利用搜索引擎选择一个识图平台。

正确的顺序:_____

4. 学后反思:

在阅读、评价完大家的作品后,总结本次任务的收获。

5. 单元作业与检测:

在本项目中,我们制订了一份较为完备的旅行计划。在增长见识、锻炼自身意志的同时感悟中华优秀传统文化,增强文化自信。读万卷书,知识就是财富;行万里路,安全更系生命。旅行过程中,要有安全意识。

下面利用本项目所学内容,基于项目实际情况,搜索整理信息,从多方面探究并总结旅行前应储备的安全知识,完善旅行计划。

(1) 出行方式方面的安全探究(表4-1-7)。

表4-1-7 出行安全总结

序号	出行方式	安全知识
1	参加旅行团	选择具有合法经营资质的旅行社,签订正规旅行合同。
2		
3		

(2) 景区项目的安全知识探究(表4-1-8)。

表4-1-8 景区项目安全总结

序号	项目	安全知识
1	涉水项目	参与景区漂流、游泳、潜水、游船等涉水项目时要听从景区人员指引,遵守安全操作规范。
2		
3		

(3) 住宿方面的安全知识探究(表4-1-9)。

表4-1-9　住宿安全总结

序号	事件	安全知识
1	酒店相关	及时掌握消防逃生通道的位置,获取酒店联系方式。
2		
3		

(4) 自救常识的探究,如晕车、腹泻、迷路、毒蛇咬伤等情况的应对方法(表4-1-10)。

表4-1-10　自救常识总结

序号	情况	应对方法
1		
2		
3		

6. 单元反思:
请尝试画出本项目学习的概念图,或写下自己需要求助的困惑,或分享学习策略等。

四、项目实施过程性评价量表汇总

1. 课堂观察表

制订旅行计划项目课堂观察表(表4-1-11)中的深度学习课堂表现维度划分为三大领域,不同领域根据实际情况划分为不同维度,结合对具体维度的解释,设计可观测、外显的课堂观察点的具体表现。

表4-1-11　制订旅行计划项目课堂观察表

深度学习课堂表现维度		课堂观察	得分				
			1	2	3	4	5
认知领域	批判性思维	能够独立思考问题,敢于向教师或其他同学提出与他们不同的观点。					
		勇于指出教师或同学的失误。					

(续表)

深度学习课堂表现维度		课堂观察	得分				
			1	2	3	4	5
	问题解决能力	能够确定项目主题。					
		能够将项目分解成小任务,分析小任务之间的关系。					
		能够通过多种渠道和手段获取所需信息。					
		能够对信息进行筛选。					
	知识建构	学习新知识时,能够回忆起旧知识,并能主动将新旧知识关联起来,用图表等方式展现。					
		能够对知识进行应用和创新。					
	知识迁移	能够联系新旧知识应用于解决问题。					
		能够将解决问题的方法迁移至其他同类型的问题中。					
人际领域	合作沟通能力	能够主动参与沟通交流。					
		在小组合作中,能够接受同学的帮助和帮助小组成员。					
		能够积极承担责任。					
个人领域	学习动机	在开展学习活动时表现得积极活跃。					
		在开展学习活动时有明确的目标。					
	学习习惯	能够制订学习计划并严格执行。					
		能够反思项目过程并优化作品。					

注:"非常符合"计5分,"比较符合"计4分,"不确定"计3分,"比较不符合"计2分,"非常不符合"计1分。

2. 作品评价表

在项目学习之后,学生需要完成以"制订旅行计划,领略祖国河山"为主题的作品创作,作品的形式不限。根据项目学习目标,从主题内容、技术性、艺术性、结构形式四个维度设计作品评价表,如表4-1-12所示。从核心素养培养的角度分析,主题内容的设计可以展现学生的信息意识,数字化学习与创新素养在作品的技术性和艺术性上得以体现,计算思维可以通过各小组作品的结构完成程度和形式中体现,信息社会责任则通过学生制作作品过程中网络信息的合理运用程度进行评价。

表4-1-12 制订旅行计划项目作品评价表

一级指标	二级指标	等级 A	等级 B	等级 C	获得等级 A	获得等级 B	获得等级 C
主题内容	主题选择	主题明确且积极向上,作品能准确反映主题与创作意图。	主题明确,作品较清晰反映主题与创作意图。	作品基本能够反映主题与创作意图。			
	素材选择	有3种以上素材,有助于突出主题,内容丰富。	有2—3种素材,能够表现主题,内容较为丰富。	只有1种或者没有素材,基本反映出主题。			
技术性	图片	熟练插入图片,并对图片进行特殊效果设置,确保文字和图片搭配合理。	会插入图片,并对图片进行简单设计。	会插入图片。			
	文字	熟练插入文字,并对文字的特殊样式进行设计。	会插入文字,并对文字进行简单设计。	会插入文字。			
	形状	熟练插入形状,并对形状的特殊格式进行设计。	会插入形状,并对形状进行简单设计。	会插入形状。			
艺术性	版面设计	色彩搭配美观,符合审美需求和视觉心理特点。	色彩搭配较为美观,较为符合审美需求和视觉心理特点。	色彩搭配较弱,不太符合审美需求和视觉心理特点。			
	整体美观	画面风格统一,设计美观大方。界面简洁,字体、字号符合视觉心理特点。	画面风格较为统一,界面简洁美观。	画面风格不统一,界面简洁。			
结构形式	完整程度	作品要素完整齐全,结构组织有序合理。	作品要素较为完整,结构组织合理。	作品要素不完整。			
	形式	采用多种形式。	采用2种形式。	采用单一形式。			

案例2　制作科普短视频——互联网+创新生活

一、项目说明

本案例选择《义务教育信息科技课程标准(2022年版)》七年级"互联网应用与创新"模块的"互联网的创新应用"部分。围绕学生感兴趣的方向设置情境,引导学生选用合适的平台进行学习、交流与协作。在制作并发布一份科普短视频作品的过程中,体会互联网给人们学习和生活带来的影响。

二、项目活动设计

(一) 学习者特征

1. 一般特征分析

七年级学生的抽象逻辑思维、辩证思维和创造思维有了较大发展。他们的观察力、记忆能力、想象能力较小学阶段有显著提升,思维的目的性、方向性更明确,认知系统的自我评价和自我控制能力增强。

2. 初始能力分析

学生可以简单利用互联网获取资源,并选用简单的视频创作工具进行视频创作,但还无法制作主题明确、内容丰富的视频作品。他们对互联网给人们学习和生活带来的影响的理解也不够深刻。

(二) 学科核心素养

1. 信息意识

能根据学习和任务的需要,通过搜索引擎、社交媒体、短视频和协同写作等互联网工具或平台,进行较精准的信息搜索、沟通、交流、协作,并贡献有价值的数据和资源。

2. 计算思维

具备利用互联网基础设施和计算思维的方法解决学习、生活中各种问题的能力。能在真实情境中发现问题,提取问题的基本特征,并概括问题的解决过程和方法。

3. 数字化学习与创新

能够在互联网上交流、共享、贡献有价值的信息，掌握多种数字化学习工具，利用工具获取、评价、加工、处理、管理学习资源。

4. 信息社会责任

搜索、获取、使用、传播信息时注重对原作者知识产权的保护，尊重他人的知识产权，合法引用他人作品。能根据学习或生活需求表达信息需求，评估信息来源，并有效辨别信息的真伪和时效性。

（三）教学重点和难点

1. 重点

利用多种平台进行在线学习、交流与协作，理解互联网给人们生活和学习带来的影响。

2. 难点

能够将大任务分解为多个子任务，并根据需要运用多种互联网工具或平台进行信息搜索、在线学习、沟通交流与协作。能按步骤制作并发布有价值的科普短视频作品。

（四）教学内容分析

详见表4-2-1和图4-2-1。

表4-2-1　制作科普短视频教学内容分析

课时	项目分解	具体表现
1	搜索科普素材	确定科普短视频主题，筛选平台与资源，体验在线学习。
1	创作科普文案	访问与创建在线文档，合作设计文案结构，协同创作文案内容。
1	制作科普短视频	了解短视频制作流程，选择短视频制作工具，探析短视频中的创新。
1	分享科普短视频作品	分享作品并评估传播效果，在线分享与交流。

第四章 促进深度学习的项目化学习案例

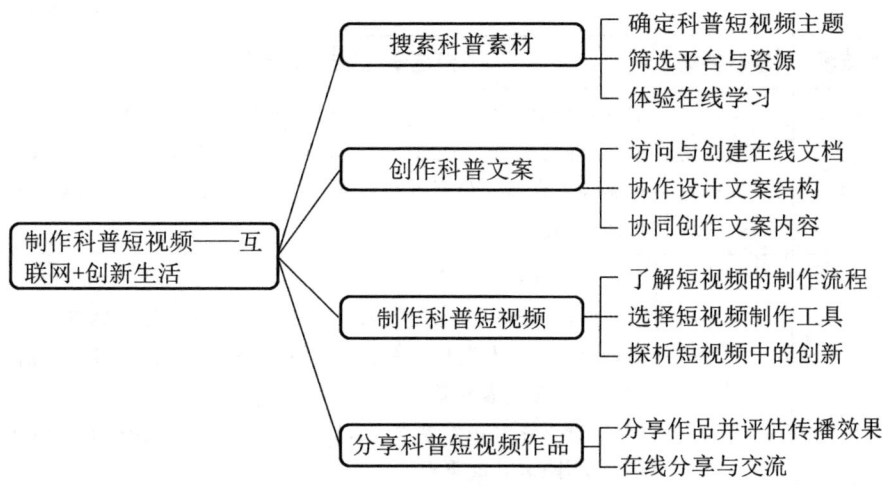

图 4-2-1 制作科普短视频活动内容

（五）项目活动设计

详见表 4-2-2。

表 4-2-2 制作科普短视频项目活动设计

教学流程	教学策略	深度学习活动设计具体表现
单元概览	单元学习策略	基于核心素养的内容设计细节（图 4-2-1）。 确立培养高阶思维的学习目标。 1. 课程标准要求： （1）根据学习需要，有效搜索所需学习资源，探究信息科技支持学习的新方法、新模式，借助信息科技提高学习质量。 （2）在学习过程中，选择恰当的数字设备支持学习，改变学习方式，具备利用信息科技进行自主学习和合作学习的能力。 （3）主动利用数字设备开展创新实践活动。根据任务要求，借助在线平台与合作伙伴共同设计和创作作品。 2. 单元目标： （1）体验利用多种平台进行在线学习、交流与协作的新模式，理解互联网对人们生活和学习的影响。 （2）能将大任务分解为多个子任务，并根据需要运用多种互联网工具或平台进行信息搜索、在线学习、沟通交流与协作。能按步骤制作并发布有价值的科普短视频作品。 （3）知道互联网在学习与生活中的创新作用，能辩证分析在线学习与协作的利弊，合理适度地使用互联网。

121

(续表)

教学流程	教学策略	深度学习活动设计具体表现
	情境创设策略	创设良好的问题情境、营造积极的学习氛围。以"互联网的创新应用"为主题，围绕学生感兴趣的方向，引导学生制作并发布一份科普短视频作品，体会互联网对人们学习和生活的影响。
单元学习过程	支架策略	1. 图表支架： (1) 在第1课时导学单中，在筛选平台与内容资源的环节，通过表格的形式，帮助学生厘清思路，并在有限时间内确定适合的在线学习平台与内容资源。 (2) 在第3课时导学单中，通过表格形式，帮助学生分析剪辑短视频的软件、工具或平台。 (3) 在第4课时导学单中，通过表格中对传统视频平台与短视频平台的比较，引导学生学会平衡线上与线下生活。 2. 范例支架： 提供多样化的作品样例供学生参考。 3. 问题支架： 在第3课时导学单中，用问题激发学生制作创新科普短视频的兴趣，并引导他们探究短视频的制作流程。
测评反思阶段	多元主体学习评价策略	教师、同学和学生本人共同评价最终作品。
	关联、转化、反思策略	画出本主题学习的概念图，或写下自己需要求助的困惑，或分享学习策略等。

三、导学单

制作科普短视频项目导学单

项目名称	制作科普短视频 ——互联网+创新生活		设计者	
学校		学科	信息科技	年级	七年级

一、你愿意接受挑战吗

满眼生机转化钧，天工人巧日争新。——赵翼《论诗五首》

当今世界,连接无处不在。互联网像电一样,虽不总是显而易见,却已深深融入人们的生活。人们通过在线课堂开展远程学习与互动,利用在线协作工具实现远程协作,通过短视频平台观看他人作品并制作、发布自己的作品,通过社交媒体了解他人观点的同时分享自己的想法,通过导航软件查看实时路况的同时也上传自己的车速信息……互联网的普及大大增强了全球的连通性,现实中的边界不断被削弱。虚拟现实和增强现实技术为互联网带来了革命性的影响,人工智能和大数据使人们更加了解自己和世界。

　　本项目聚焦"互联网的创新应用",以"制作科普短视频"为主题,围绕大家感兴趣的方向,选用合适的平台进行学习、交流与协作。在制作并发布一份科普短视频作品的过程中,体会互联网给人们学习和生活带来的影响。

二、给你支招

　　本项目以"制作科普短视频"为主题,通过体验在线学习与在线协作的过程,探究互联网的发展如何创新性地影响在线学习与协作。通过制作并发布科普短视频,理解短视频在生活中的创新应用。通过分享科普短视频作品,体验在线交流,了解线上交流的礼仪和注意事项,理解应该平衡线上与线下生活,合理适度使用互联网。

第1课时导学单

项目名称	制作科普短视频 ——互联网+创新生活	第1课时名称	搜集科普素材 ——体验在线学习

　　互联网的兴起彻底改变了我们的学习方式,为学习过程提供了丰富的资源支持。人们可以随时随地按照自己的节奏进行在线学习、交流。互联网涵盖了各个领域的内容,越来越多的人可以通过在线学习的方式积极提升自我,逐渐成为终身学习者。

1.课时目标:
(1)能根据需求筛选出合适的在线学习平台和内容素材。
(2)体验在线学习,利用学习策略提高在线学习质量。

2.学习过程:

• 环节1:确定科普短视频主题

　　互联网已完全融入了人们的生活,但其中的科技原理对公众来说常常晦涩难懂,由此带来的诸多问题(如支付安全、数据隐私等)日益凸显。因此,以生动有趣的形式,把原理转化为公众能理解的语言并向社会普及,显得十分必要。

　　接下来,请以小组为单位进行头脑风暴,记录同组成员想到的科普短视频主题,讨论后确定本组主题。

　　在选题时,请注意以下几点:主题应围绕"互联网+创新生活",且内容应在人们的现实生活中具有广泛影响;公众对选题背后的科学原理了解不够深入,具有科普的必要性。

• 环节2：筛选平台与内容资源

现在的在线学习平台和资源非常多，如何在有限的时间内找到适合的资源？这就需要我们掌握相关的搜索技巧，并了解搜集资源的流程和思路。

确定目标：小组讨论针对确定的主题需要搜集哪些内容资源。

搜索资源：针对某一具体内容，在不同平台上进行搜索，包括文字、图片、音频、视频等。

筛选内容：从内容难易度、预估学习时长、需求匹配度等不同维度对搜索结果进行筛选，选择合适的资源进行在线学习。

以小组为单位，厘清思路，搜索资源，并填写表4-2-3。在有限的时间内确定合适的在线学习平台与内容资源。

表4-2-3　平台与内容资源筛选记录表

需要的内容	来源(平台)	预估学习时长	需求匹配度	是否入选
内容1：	平台1：			
	平台2：			
内容2：	平台1：			
	平台2：			

• 环节3：体验在线学习

跨越时空的灵活性、学习支持的个性化、学习资源的丰富性……这些都是在线学习的优势。接下来，请根据小组分工开始你的在线学习之旅吧！完成表4-2-4。

表4-2-4　在线学习活动记录表

学习目标	学习平台	目标达成度	学习笔记
了解二维码的生成原理		90%	

3. 作业与检测:

判断下列说法是否正确。

(1) 使用在线学习平台和内容素材前,应先根据主题进行筛选。( )

(2) 在线学习资源和平台越多,制作短视频的效率就一定越高。( )

(3) 互联网对学习和生活既有积极作用,也有一定的消极影响。( )

4. 学后反思:

总结本次任务的收获。

第2课时导学单

项目名称	制作科普短视频 ——互联网+创新生活	第2课时名称	创作科普文案 ——体验在线协作

1. 课时目标:

(1) 能访问、创建、编辑、分享在线文档,汇总同组同学的学习笔记。

(2) 能对小组的学习笔记进行提炼和再加工,合作设计文案结构。

(3) 利用在线平台协同创作文案的具体内容。

2. 学习过程:

• 环节1:访问与创建在线文档

如何选择合适的在线协作工具?

以下几个原则供你参考:"就近"原则,即优先使用你的电子产品中已经安装的相关工具;"简单"原则,即优先使用简单、易学的工具或平台;"减法"原则,即只在必要的时候使用在线工具。

下面以"在线文档"为例进行介绍。在线文档无须安装软件,打开网页并登录平台后即可使用。同时,它支持多种终端,无论是计算机、平板电脑,还是手机都可以顺畅访问、创建或编辑文档。点击"新建"按钮,可以根据需要创建在线文档、表格、演示文档、思维导图等各种类型的文件,同时支持导入本地文档。在线文档无须手动操作就可以实时将内容保存到云端;同时,在任意终端更新文档后,其他终端都能实时同步最新版本。

请登录在线协作平台(如果没有账号,请提前注册)进行初步体验。在教师发布的在线协作文档上,以小组为单位填写表4-2-5。

表4-2-5 分组信息表

小组序号	组长姓名	组员姓名	拟定的科普短视频主题
示例	小欣	小明、小智	二维码是如何实现收款的
1			
2			
3			

接下来，请以小组为单位创建在线协作文档。每个小组创建一个在线协作文档，并将编辑权限开放给本组的所有同学。同组同学将自己的在线学习活动记录表（表4-2-4）汇总到新建的在线协作文档中，以便接下来设计短视频文案时使用。

• 环节2：合作设计文案结构

网上经常出现一些精彩、经典的科普短视频。它们有的轻松幽默，有的严谨沉稳，有的能激发我们的好奇心，有的会引发我们的思考……文案在短视频创作中起到了非常重要的作用。一个高传播量、高互动量的短视频离不开好的文案。

如何让人在短时间内就能接收一个基本完整的科技知识呢？短视频的文案结构该如何设计呢？一般来说，一篇吸引人的短视频文案都包括以下三个部分：引入、详解和结尾。

引入的部分非常重要。如果前几秒没有抓住观众的注意力，他们就会离开或关闭这条视频。因此，开头往往要以一句极具吸引力的文案引入。常见的方法如下。

提问法：先提出问题，引起观众的强烈好奇，再提供答案。

颠覆认知法：以认知上的矛盾冲突吸引观众注意力。例如，与常识的冲突，与生活中常见现象的冲突等。

提前预告法：在视频开头，直接告诉观众看完可以得到什么，让观众产生期待。例如，三招帮你完成……的小窍门。

引发共鸣法：利用观众熟悉的场景或事件，让观众产生共鸣，觉得"这就是我想知道的"。

详解的部分是将专业的科技知识进行通俗化的描述。针对科普短视频的主题，应从多个维度做分析，既可以是逻辑推演，又可以是与常见事物的类比，还可以是基于数据的统计分析。这样可以突破单一维度只能反映事物局部特征的局限。同时，通过理论与实证数据的对比，观众可以形成多角度、多层次的理解。

结尾的部分可以升华视频主题。通常使用疑问句、反问句、开放式问题等方式向观众提问，引导观众进行互动、关注和分享。

接下来，请以小组为单位，在汇总好的学习记录表的基础上，创建可协同编辑的思维导图，设计短视频的文案结构。如有多种设计思路，经过讨论取舍后最终保留一个即可。

• 环节3：协同创作文案内容

同学们可以搜集优秀的科普短视频，针对它们的文案进行分析思考，拆解该文案的引入、详解和结尾三个部分。在多读、多看的过程中模仿改进。

现在，每个小组可以按照设计好的文案结构做细化。在这个过程中，要对短视频文案进行逐字逐句的推敲。

在协同创作时，所有参与者修改的内容都会同步显示在屏幕上，并标记出人员的名字，让彼此一目了然地知道谁在进行哪些编辑。

请总结自己协同参与方案内容创作的体会。

_____

_____

请在体验在线协作的过程中,体会协同编辑与个人写作的区别。参考以下句式,分享亲身感受。思考在线协作是否会逐渐取代传统的面对面交流。请用绘画或文字描述的方式阐述个人观点,然后向全班同学分享展示。

示例:我觉得××文档工具/平台很实用,因为我们再也不需要用U盘逐个拷贝文件了。协同编辑可以让我们的合作变得更加高效。

我的观点:＿＿＿＿＿＿＿＿＿＿＿＿＿＿＿＿＿＿＿＿＿＿＿＿＿＿＿＿＿＿

3. 作业与检测:

(1) 在线协作文档一般存储在( )。

A. 云端服务器

B. 某位同学的计算机文件夹里

C. 每位同学的计算机文件夹里

D. 文件袋中

(2) (多选题)以下属于在线协作工具的是( )。

A. 在线文档

B. 在线通信

C. 在线笔记

D. 在线会议

(3) (多选题)以下可以通过在线协作文档来完成的事情包括( )。

A. 同组同学分工合作,在线编辑制作一个演示文稿

B. 身处不同城市的小智和小欣共同绘制一个十字花科植物生长主题的思维导图

C. 组长发布在线表单收集每位组员的基本信息

D. 小科发布在线问卷调查同学对"短视频平台给中学生带来的影响"的看法

4. 学后反思:

总结本次任务的收获。

第3课时导学单

项目名称	制作科普短视频 ——互联网+创新生活	第3课时名称	制作科普短视频 ——短视频中的创新

你身边有人观看短视频吗?短视频是一种目前流行的网络视频形态。截至2024年12月,我国短视频用户规模达10.4亿,短视频成为广受人们关注的传播媒介。互联网上有很多平台支持用户发布短视频。

现在每个小组已经准备好了文案,接下来就要动手制作短视频了。短视频的制作流程是什么?剪辑短视频常用的工具有哪些?短视频如何影响人们的生活?让我们通过本任务的学习一探究竟吧!

1. 课时目标：
(1) 能根据需求选择合适的短视频制作工具。
(2) 了解短视频制作流程，并能合作完成科普短视频的制作。
(3) 了解短视频对人们生活和社会发展的影响。

2. 学习过程：
- 环节1：对比不同形式的视频

小智与家人去海边时，拍摄了一段海上日出的视频。他回到家后对视频进行简单编辑，配上优美的背景音乐，并将合成后的视频作品发布到短视频平台上，获得了大家的点赞、评论和转发。

与手机中保存的视频相比，网络上的视频呈现出不同的特点。例如，手机中保存的视频只能自己观看或者与身边少数人分享，而网络上的视频可以被更多的人观看、评论和转发分享。这些不同之处体现了互联网应用的什么特征？

(1) 在图4-2-2右侧"互联网应用的特征"关键词中，通过连线的方式选出与左侧场景描述相匹配的一项，完成后与同伴对比交流。

教师通过云盘将一个视频课程分享给全班同学。	全球互联
人们对喜欢的网络视频进行点赞、收藏、评论。	资源共享
每个人因兴趣不同，订阅的网络视频内容也不相同。	超越时空
我可以在网上观看数十年前发行的影视作品。	互动性
观看视频时，平台根据网络带宽自动调整清晰度。	个性化
发布在网上的视频可能被世界上任何地方的人看到。	智能化

图4-2-2 场景匹配

(2) 为同伴选择一个互联网应用特征的关键词，请同伴说出一个符合该特征的场景，将同伴的描述记录下来。

同伴的描述：_____

- 环节2：了解短视频的制作流程

短视频的制作流程是什么？图4-2-3列出一些可能的步骤。请小组讨论制作流程，并用箭头将步骤按顺序连接起来。

```
[确定主题]        [视频剪辑]        [添加字幕]        [确定主题]


[创作文案]        [准备素材]        [导出作品]
```

图4-2-3　制作流程连线

- 环节3：确定短视频类型

按需要准备的素材来分，常见的短视频主要有三种类型。

一是图文类。为精美的图片配上文字、背景音乐、转场特效等，即可制作出短视频。有些工具还提供视频模板。

二是视频类。全部由视频素材构成。这类视频更加生动，在制作时还可以设置加速、减速、倒置等参数，剪辑难度比图文类稍高。

三是混合类，即由图片、文字、音频、视频等多种素材穿插构成的短视频。制作者需要对多种素材进行整理、管理、混合剪辑，表现形式更为丰富、生动。

我所在的小组选择制作的短视频类型：_____

理由：_____

- 环节4：选择短视频制作工具

随着云计算、人工智能等前沿科技的发展，目前剪辑制作短视频的工具也越来越趋于人性化、智能化、简单化。既有供专业人士使用的视频剪辑软件，又有可以在手机上操作的应用程序，甚至还可以在线剪辑并将项目存储在云端。

你知道哪些剪辑短视频的软件、工具或平台？它们分别有什么特点？请与同组同学讨论，填写表4-2-6，并从中选择最适合的来制作本组的科普短视频作品。

表4-2-6　短视频剪辑工具

工具/软件/平台名称	是否需要安装	是否方便获得	是否简单易学	是否需要购买

我所在的小组选择的短视频剪辑工具：_____

理由：_____

接下来，同组同学分工合作制作短视频作品。在此过程中，可能会用到拍摄图片、编辑图片、撰写文稿、拍摄视频、编辑视频等技术，请充分利用丰富多样的在线学习平台，有针对性地学习相关技术，并利用多种在线协作工具来提高效率。

- 环节5：探析短视频中的创新

为什么有如此多的人喜欢看短视频？短视频中蕴含着哪些创新呢？请在小组内部进行头脑风暴，从用户需求、技术、成本、商业价值等各个角度讨论短视频流行的可能原因。完成后以小组为单位在班级中展示分享讨论成果。

除了短视频，网络视频直播的形式也格外受人关注。随着网络技术的发展、视频云服务的提升和智能硬件(如智能摄像机、无人机、头戴式运动相机等)的迅速普及，网络视频直播与人们的生活越来越紧密。"直播＋"的模式在教育、学术交流、会议、电子商务、餐饮、旅游、体育、游戏、娱乐等各个领域逐渐发挥重要作用。

请思考以下问题，然后与同伴交流。

问题一：与其他形式的信息传播相比，网络视频直播有什么独特之处？

问题二：网络视频直播主要应用在哪些领域？

问题三：在这些领域，网络视频直播解决了哪些原本无法解决的问题？带来了哪些新的问题？

我的想法：＿＿＿＿＿＿＿＿

小组讨论以下问题，并将讨论结果记录下来。

问题一：在未来，网络视频将可能产生哪些创新或变化？

问题二：要实现这些创新，需要哪些基础设施和技术的发展作为前提？

问题三：这些创新将会应用在哪些领域？解决哪些问题？又可能带来哪些新问题？

3. 作业与检测：

(1) 请根据短视频的制作流程，按照正确顺序对以下步骤进行编号，将数字序号填写在括号内。

(   )视频剪辑   (   )添加字幕   (   )添加特效   (   )创作文案

(   )确定主题   (   )准备素材   (   )导出作品

(2)（多选题）短视频的常见类型有(   )。

A. 图文类

B. 视频类

C. 混合类

D. 音频类

(3)（多选题）以下属于短视频创新应用的是(   )。

A. 菜农利用短视频销售有机蔬菜

B. 旅游部门利用短视频推广当地景点，吸引游客

C. 健身教练利用短视频教授健身动作，帮助人们锻炼身体

D. 教师利用短视频讲解知识理解上的易错点

4. 学后反思：

总结本次任务的收获。

第四章 促进深度学习的项目化学习案例

第4课时导学单

项目名称	制作科普短视频——互联网+创新生活	第4课时名称	分享科普作品——体验在线交流

每个小组已经制作好自己的科普短视频作品,现在考虑如何发布并推广自己的作品。

短视频作品是表达个人观点、向互联网贡献有价值的信息和资源的机会,既要在制作前构思好作品内容,又要在制作后找到合适的推广方式,以便让更多人看到。

完成整个项目后,再回顾之前分解的子任务,对照实际的实施过程,若与之前的设想不同,请在原位置进行修改并做好标记。

1. 课时目标:
(1) 能在平台上发布作品并评估传播效果。
(2) 能以适当的方式进行在线分享与交流。
(3) 理解短视频平台的利弊,能平衡自己的线上与线下生活。

2. 学习过程:
• 环节1:分享作品并评估传播效果

短视频制作完成后,请将其发布在选定的一个或多个新媒体平台上,并把链接分享出去,让大家的智慧结晶被更多人看到。

在上传短视频时,需要在平台上设置一些参数(如视频封面、标题、类型、分区和标签等),这些参数体现了短视频作品的一些属性。极具吸引力的封面和标题会大幅提升短视频的传播效果,清晰、准确的标签有利于观众快速查找特定短视频,因此每个小组要认真填写。

上传完成后,就到了全班同学科普短视频作品"大放送"的时间啦!当观看到十分喜欢的短视频时,你可以通过点赞、评论和收藏等行为表达你对作品的喜爱和对作者的支持。点赞数量、评论数量、收藏数量等数据对评估短视频的传播效果十分重要。

请思考:还有哪些数据可以作为评估传播效果的依据?

• 环节2:平衡线上与线下生活

与传统媒体平台(电视频道、网络视频平台)相比,短视频平台有显著的差别。这些差别主要体现在哪些方面?请思考后与同学讨论,并将你的观点填入表4-2-7。(提示:可以从更新频率、参与度、个性化程度、来源可靠性、传播效率、成本等多个角度考虑评价维度。)

表4-2-7 传统媒体平台与短视频平台的比较

评价维度	传统媒体平台	短视频平台
更新频率	定期更新	实时更新内容

短视频平台具有更新速度快、大众参与度广、个性化程度高、表现形式多样等特点。自问世以来，短视频平台给教育、娱乐、新闻、出版、商业和公共关系等诸多行业带来了翻天覆地的变化。在电影行业，它使得电影的推广不再依赖传统方式，极大地降低了推广成本，提高了传播效率。在出版行业，短视频平台为出版物提供了更多的展示空间与互动性，更便于读者在较短时间内对出版物有更多了解并产生兴趣。在个人社交领域，短视频平台极大地促进了人与人之间的连接，使有相同兴趣的人从未像今天这样方便地建立在线社区。

　　短视频的快速流行也给人们带来了新的挑战。一些传统行业开始思考如何更好地适应这一新兴的媒体形式，过于方便的共享方式使一些数字内容的知识产权难以得到保护，迎合人们心理特点的短视频使得网络成瘾问题日益突出，过于依赖在线社交可能引发现实世界里的沟通障碍和社交恐惧。综上，请大家维持线下与线上生活的平衡。

　　写下一项自己最想改变的线上行为习惯，并与同学分享。

　　想一想，自己需要在哪些具体的方面做出改变。将它们列成清单写下来，并制订改进计划。

　　在改变习惯的过程中，有哪些因素可能会干扰计划的完成？请针对每一个可能的干扰因素想出至少两种方法来消除它。请记录想到的干扰因素和解决方法。

　　最后也是最重要的，开始行动吧！

　　干扰因素：_____

　　解决方法：_____

3. 作业与检测：

(1) 在平台上传短视频时，不需要设置的参数是(　　)。

A. 封面

B. 类型

C. 时长

D. 标签

(2) 以下行为不利于文明有礼地进行线上交流的是(　　)。

A. 真诚礼貌地使用文明用语，不用侮辱性语言发表评论

B. 对喜欢的短视频点赞或收藏

C. 只要自己觉得有趣，就把他人的照片或趣事做成视频放在网上传播

D. 尊重他人的版权和隐私，未经同意不发布涉及他人的图片或视频

(3) (多选题)以下属于短视频平台特点的是(　　)。

A. 更新速度快

B. 大众参与度广

C. 个性化程度高

D. 内容单一

4. 学后反思：

总结本次任务的收获。

5. 单元作业与检测：

新学期伊始，小欣和小智决定在短视频平台上开设账号，普及科技领域的前沿知识和新进展。他们计划每月以一个关键词为主题搜集素材、制作并发布视频作品。

（1）在确定主题后，他们若要在有限的时间内寻找到合适的资源，第一步要做的是（　　）。

　　A. 确定目标　　　　　　　　B. 输入关键词搜索资源
　　C. 筛选资源内容　　　　　　D. 制作短视频

（2）小欣和小智只能利用晚上和周末的时间完成作品，他们为了合作完成文案的创作，最适合选用的工具是（　　）。

　　A. 在线通讯录　　　　　　　B. 在线文档
　　C. 在线项目管理　　　　　　D. 在线问卷

（3）准备好素材后，他们开始制作短视频，制作流程的最后一步是（　　）。

　　A. 添加字幕　　　　　　　　B. 剪辑视频素材
　　C. 导出作品　　　　　　　　D. 添加特效

（4）判断以下说法是否正确：

视频素材的某些画面中出现了同班同学的照片，在使用这些素材前我们应该征得同学的同意。（　　）

（5）（多选题）视频发布后，可用来评估视频传播效果的指标是（　　）。

　　A. 点赞数量　　　　　　　　B. 播放次数
　　C. 转发次数　　　　　　　　D. 收藏数量

6. 单元反思：

请尝试画出本项目学习的概念图，或写下自己需要求助的困惑，或分享学习策略等。

四、项目实施过程性评价量表汇总

1. 课堂观察表

制作科普短视频项目课堂观察表（表4-2-8）中的深度学习课堂表现维度划分为三大领域，分别为认知领域、人际领域和个人领域。不同领域根据实际情况划分为不同维度，结合对具体维度的解释，设计可观测、外显的课堂观察点的具体表现。

表4-2-8 制作科普短视频项目课堂观察表

深度学习课堂表现维度		课堂观察	得分				
			5	4	3	2	1
认知领域	批判性思维	能够独立思考问题，敢于向教师或其他同学提出与他们不同的观点。					
		对问题的解决方案有自己独到的见解。					
	问题解决能力	能够确定视频作品主题。					
		能够将视频制作过程分解为一个个步骤，分析各个步骤之间的关系。					
		能够通过多种渠道和手段获取所需资源和信息。					
		能够筛选资源和信息。					
	知识建构	学习新知识时，能够回忆起旧知识，并能主动将新旧知识关联起来，用图表等方式展现。					
		能够对知识进行应用和创新。					
	知识迁移	能够联系新旧知识应用于解决问题。					
		能够将解决问题的方法迁移至其他同类型的问题中。					
人际领域	合作沟通能力	能够积极参与小组讨论并提出建设性的建议。					
		能够接受同学的建议并帮助小组成员。					
		能够积极承担组内任务。					
个人领域	学习动机	在开展学习活动时表现得积极活跃。					
		在开展学习活动时有明确的目标。					
	学习习惯	能够制订学习计划并严格执行。					
		能够反思项目过程并优化作品。					

注："非常符合"计5分，"比较符合"计4分，"不确定"计3分，"比较不符合"计2分，"非常不符合"计1分。

2. 作品评价表

在项目学习之后，学生需要完成以"互联网+创新生活"为主题的科普短视频作品创作。从主题内容、技术性、艺术性、结构形式四个维度设计作品评价表，如表4-2-9所示。

表4-2-9 制作科普短视频项目作品评价表

一级指标	二级指标	等级 A	等级 B	等级 C	获得等级 A	获得等级 B	获得等级 C
主题内容	主题选择	视频作品主题明确且积极向上，准确反映主题与创作意图。	视频作品主题明确，较清晰反映主题与创作意图。	视频作品基本能够反映主题与创作意图。			
	素材选择	作品素材选择丰富，有助于突出主题。	作品素材选择较为丰富，能够表现主题。	只有1种或者没有作品素材，基本上能够反映主题。			
技术性	视频	熟练地处理、设计视频。	简单处理、设计视频。	不能对视频进行处理。			
	文字	熟练插入文字并对文字进行设计。	会插入文字并对文字进行简单设计。	会插入文字。			
	特效	熟练地为视频作品添加合适的特效。	会为视频作品添加特效。	不会在视频作品中添加特效。			
艺术性	版面设计	色彩搭配美观，符合审美需求和视觉心理特点。	色彩搭配较为美观，较为符合审美需求和视觉心理特点。	色彩搭配较弱，不太符合审美需求和视觉心理特点。			
	整体美观	画面风格统一，设计美观大方。界面简洁，字体、字号符合视觉心理特点。	画面风格较为统一，界面简洁美观。	画面风格不统一，界面简洁。			
结构形式	完整程度	作品要素完整齐全，结构组织有序合理。	作品要素较为完整，结构组织合理。	作品要素不完整。			
	形式	采用多种形式。	采用2种形式。	采用单一形式。			

案例3　最适宜的运动心率计算器

一、项目说明

本案例选自《义务教育信息科技课程标准(2022年版)》五年级"身边的算法"模块的"算法的执行"部分。本案例遵循学生的认知发展规律,选择运动的案例贴近真实生活,能够激发学生学习兴趣。学习者将通过生动的案例和有趣的项目,学习算法的基础知识和用程序验证算法的方式。同时,他们也将运用所学知识和数字化工具解决生活中的问题,感受计算机解决问题的优势,树立作为数字化公民的社会责任感,不断挑战自我、超越自我。

二、项目活动设计

(一) 学习者特征

1. 一般特征

五年级学生看待问题的方式比较简单,不能够独立综合考虑多个因素,也尚未建立逻辑体系的概念。五年级学生的认知发展处于从具象思维到抽象思维的过渡时期,因此,教师在教学中应该把握这一阶段的特点,注重具象内容和抽象内容的关系与平衡。

2. 初始能力

由于没有经过系统的程序设计学习,学生在程序设计方面的基础知识和经验都较为欠缺,容易对编程产生不自信和焦虑的情绪。因此,本项目重点关注学习内容与学生日常生活之间的关系,既注重学生的技能训练,又注重培养他们的问题解决能力。

(二) 学科核心素养

1. 信息意识

根据学习与生活需要,有意识地选用信息技术工具处理信息。崇尚科学精神、原创精神,具有将创新理念融入自身学习、生活的意识。针对简单问题,能确定解决问题的需求和数据源,主动获取、筛选、分析数据,解决问题。

2. 计算思维

对于给定的任务,能将其分解为一系列实施步骤,使用顺序、分支、循环三种基本控制结构简单描述实施过程,并通过编程验证该过程。

3. 数字化学习与创新

通过学习身边的算法,体会算法的特征,有意识地将其应用于数字化学习过程中,适应在线学习环境。在学习作品创作过程中,利用恰当的数字设备规划方案、描述创作步骤。在反思与交流过程中,对学习作品进行完善和迭代。

4. 信息社会责任

了解算法的优势及对知识产权保护的作用,认识算法在解决生活和学习问题中的重要性。

(三) 教学重点和难点

1. 重点

将复杂的功能需求转化为清晰的算法,并用程序验证算法。

2. 难点

能够对算法的正确性与执行效率进行讨论和辨析。

(四) 教学内容分析

详见表4-3-1和图4-3-1。

表4-3-1 运动心率计算器教学内容分析

课时	项目分解	具体表现
1	编辑与运行程序	尝试编辑与运行程序。
1	顺序结构	1. 了解程序的输入输出语句。 2. 了解顺序结构的程序。 3. 了解程序的赋值语句(赋值运算符、数据类型转换函数和算术运算符)。
1	分支结构	了解分支结构的程序和比较运算符。

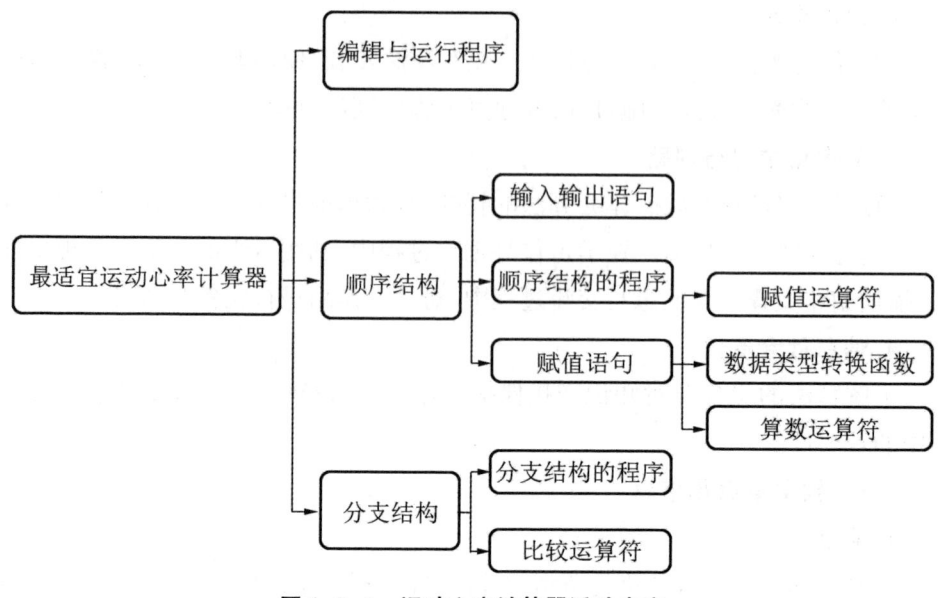

图4-3-1 运动心率计算器活动内容

(五)项目活动设计

详见表4-3-2。

表4-3-2 运动心率计算器项目活动设计

教学流程	教学策略	深度学习活动设计具体表现
单元概览	单元学习策略	基于核心素养的内容设计细节(图4-3-1)。 确立培养高阶思维的学习目标。 1. 课程标准要求: (1)结合生活中的实例,了解算法的顺序、分支和循环三种基本控制结构,分析简单算法的执行过程与结果。 (2)针对简单问题,尝试设计求解算法,并通过程序进行验证。 2. 单元学习目标: (1)面对实际问题,具备运用编程解决问题的意识,能够设计算法来提高效率。 (2)能用流程图描述算法。 (3)面对给定主题,具备创新思维,能突破常规,创造独特的编程作品。 (4)具备数据安全和隐私保护意识。

(续表)

教学流程	教学策略	深度学习活动设计具体表现
	情境创设策略	创设良好的问题情境、营造积极的学习氛围。不同个体因年龄、身体状况、运动目标等因素,最适宜的运动心率存在显著差异。如何为用户提供个性化的运动心率数据,从而助力用户科学规划运动方案?
单元学习过程:分析心率计算器1.0版	支架策略	1. 范例支架: 提供作品样例供学生参考。 2. 问题支架: (1) 这个程序还能增加什么新功能? (2) 生活中有许多与健康有关的问题,还有哪些问题可以通过编程解决?例如,可以编写程序制作一个智能闹钟,它能根据用户的睡眠周期和设定的大致起床时间,选择在最合适的时刻唤醒用户。
单元学习过程:完善算法	支架策略	问题支架: (1) 如何在算法中表示性别对计算公式的影响? (2) 在绘制流程图时,怎样才能描述根据不同性别选择不同的计算过程? (3) 考虑性别因素后,计算过程需要增加哪些变量?
测评反思阶段	多元主体学习评价策略	教师、同学与学生本人共同评价最终作品。

三、导学单

运动心率计算器项目导学单

项目名称	最适宜的运动心率计算器	课时	3
学科	信息科技	年级	五年级
项目准备			

分组信息:

成员1(组长):_____负责协调组内分工,参与并确保作品的有序完成。

成员2:_____负责记录组员的创新想法、项目总结与反思。

成员3:_____负责绘制流程图。

成员4:_____负责记录程序运行结果。

项目设计与实施

1. 任务一:需求分析,创意构思。

   任务说明:你认为"最适宜的运动心率计算器"需要哪些功能?

   请根据你的想法勾选或补充:

   ☐ 能输入自己的一些基本身体状况数据。

   ☐ 能计算出适合自己的运动心率的范围。

   ☐ 能提示当前运动心率是否适宜。

   ☐ 其他:_____

2. 任务二:分析问题,设计算法。

   (1) 任务说明:最适宜的运动心率范围=(220－年龄－安静心率)×(60%~80%)+安静心率。根据公式,补充完善流程图中的输入输出项和计算方式。

   (2) 知识点:程序的输入输出语句、顺序结构的程序、算法描述。

   (3) 绘制流程图(图4-3-2)。

3. 任务三:分析心率计算器1.0版。

   (1) 任务说明:运行心率计算器1.0的程序,体会顺序结构算法解决问题的过程。

   (2) 知识点:程序编辑与运行、数据类型转换函数、输入输出语句、赋值语句。

   (3) 观察程序运行结果并记录。

   (4) 小组讨论程序创新想法。

4. 任务四:发现问题,完善算法。

   (1) 任务说明:最适宜的运动心率是否只和年龄、安静心率有关?研究发现,最适宜的运动心率还与性别有关。不同性别对应的不同计算式为:

   男生最适宜的运动心率范围=(220－年龄－安静心率)×(60%~80%)+安静心率,

   女生最适宜的运动心率范围=(210－年龄－安静心率)×(60%~80%)+安静心率。

   如何完善算法,使之能计算不同性别最适宜的运动心率范围?

   (2) 知识点:分支结构算法。

   (3) 绘制流程图(图4-3-3)。

5. 任务五:利用分支结构完善程序。

   (1) 任务说明:根据任务四的分析,利用分支结构算法,完善心率计算器2.0的程序。

   (2) 知识点:分支结构的程序、比较运算符。

   (3) 观察程序运行结果并记录。

   (4) 小组讨论程序创新想法。

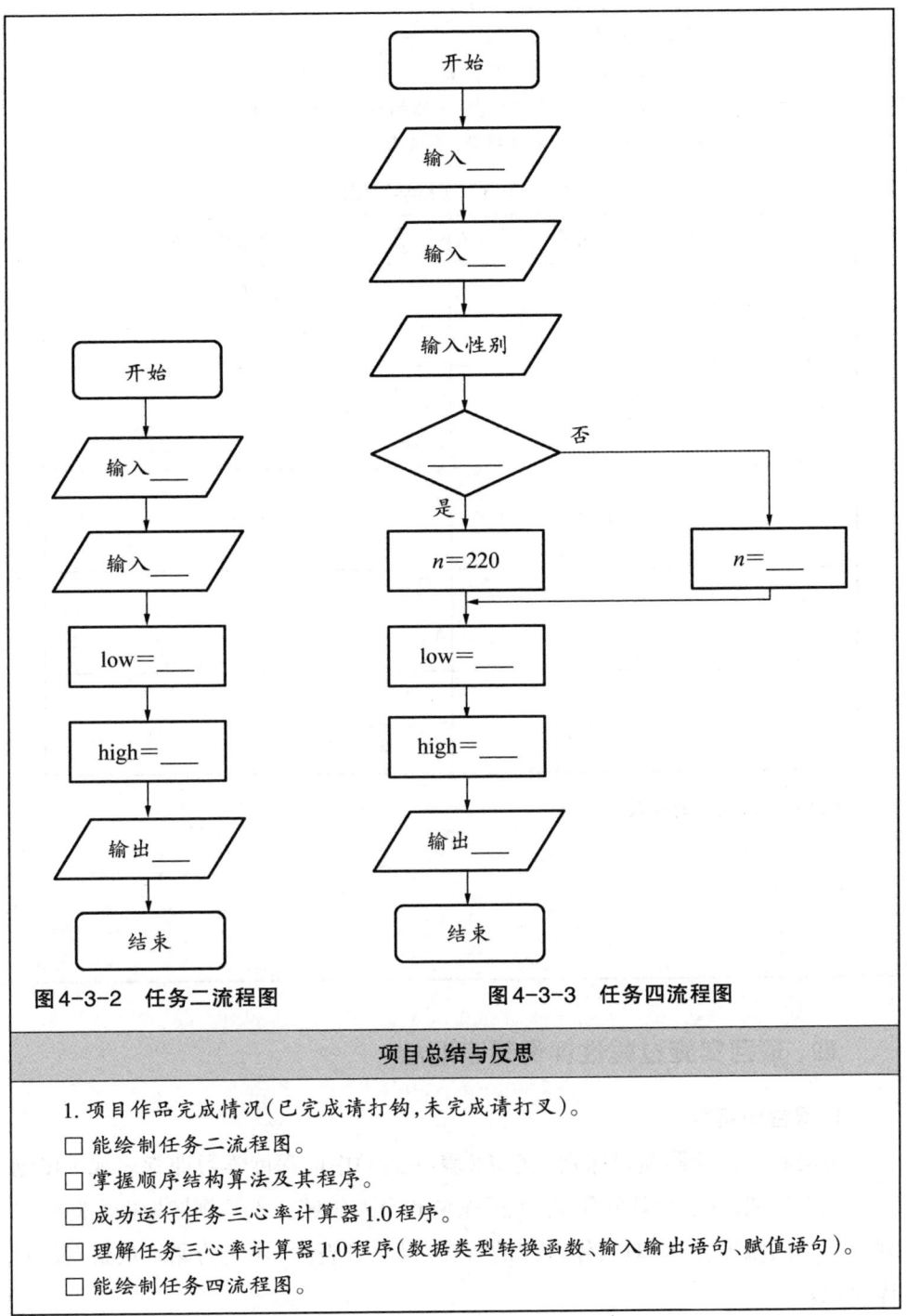

图4-3-2　任务二流程图　　　图4-3-3　任务四流程图

项目总结与反思

1.项目作品完成情况(已完成请打钩,未完成请打叉)。

☐ 能绘制任务二流程图。

☐ 掌握顺序结构算法及其程序。

☐ 成功运行任务三心率计算器1.0程序。

☐ 理解任务三心率计算器1.0程序(数据类型转换函数、输入输出语句、赋值语句)。

☐ 能绘制任务四流程图。

☐ 掌握分支结构算法及其程序。
☐ 成功运行任务五心率计算器2.0的程序。
☐ 理解任务五心率计算器2.0的程序（分支结构程序、比较运算符）。

2. 记录项目学习遇到的困难及解决措施，完成表4-3-3。

表4-3-3 项目学习记录

项目学习遇到的困难	解决困难的措施

3. 总结本次项目的收获。

四、项目实施过程性评价量表汇总

1. 课堂观察表

运动心率计算器项目课堂观察表（表4-3-4）中的深度学习课堂表现维度划分为三大领域，分别为认知领域、人际领域和个人领域。不同领域根据实际情况划分为不同维度，结合对具体维度的解释，设计可观测、外显的课堂观察点的具体表现。

第四章 促进深度学习的项目化学习案例

表4-3-4 运动心率计算器项目课堂观察表

深度学习课堂表现维度		课堂观察	得分				
			5	4	3	2	1
认知领域	知识建构	能绘制流程图描述算法。					
		在作品中标注新旧知识的融合(如引用新程序改进原程序功能)。					
		在课堂提问或讨论中,能主动提及已学知识。					
	知识迁移	在解决新问题时能运用已学知识。					
		将所学知识运用于解决不同任务,完成至少2个迁移应用。					
		运用程序解决其他学科问题。					
	批判性思维	敢于向教师或其他同学提出不同观点。					
		对他人的程序或解决方案提出具体的改进建议。					
		能判断程序输出结果是否准确、程序逻辑是否合理等。					
		能判断解决方案是否合理或是否存在局限。					
	问题解决能力	能将项目分解成小任务。					
		能通过多种渠道和手段获取所需信息。					
		能运用所学知识解决问题。					
人际领域	合作沟通能力	在小组讨论中能主动发言。					
		在小组合作中,能够接受同学的帮助和帮助小组成员。					
个人领域	学习动机	在课堂中能主动提问或回答问题。					
		提交学习笔记。					
		能主动找出解决困难的措施。					
	学习习惯	提交项目计划表并标注完成进度。					
		在阶段性总结中分析当前问题。					
		能够反思项目过程并优化作品。					

注:"非常符合"计5分,"比较符合"计4分,"不确定"计3分,"比较不符合"计2分,"非常不符合"计1分。

2. 作品评价表

在项目学习之后,学生需要完成"最适宜的运动心率计算器"的程序。作品评价法是项目学习中常用的评价方法,作品可以体现学生对新知识的掌握程度以及在学习过程中的思考。结合项目内容的特点,可从完成度、技术性、创新性三个维度设计作品评价表,如表4-3-5所示。

表4-3-5 运动心率计算器项目作品评价表

评价指标	具体描述	分值	组内自评	组间互评	教师评价	各项总分
完成度	准确运用公式,算法流程设计合理。	15				
	程序实现基本功能。	10				
	程序运行稳定。	10				
技术性	程序结构清晰、简洁。	15				
	程序注释完整,文档清晰。	10				
	程序规范,无语法错误。	10				
创新性	对程序功能进行创新拓展。	15				
	创新功能具有实用性。	10				
	创新功能目的鲜明,并可实现。	5				
总计得分(满分100)=组内互评×20%+组间互评×20%+教师评价×60%						